Quelques reprises

Christian Tétreault

# Quelques reprises

Les 400 coups

Nous remercions le Conseil des Arts du Canada de l'aide accordée à notre programme de publication, et la SODEC pour son appui financier en vertu du Programme d'aide aux entreprises du livre et de l'édition spécialisée.

Nous reconnaissons l'aide financière du gouvernement du Canada par l'entremise du Programme d'aide au développement de l'industrie de l'édition (PADIÉ) pour nos activités d'édition.

Photo de la couverture : Félix Tétreault
Révision linguistique : Marie-Claude Rochon (Scribe Atout)
Maquette de la couverture et composition typographique : Nicolas Calvé

**Quelques reprises** a été publié sous la direction de Nicolas Calvé.

**Diffusion au Canada**
Diffusion Dimédia
539, boul. Lebeau
Saint-Laurent (Québec)
H4N 1S2

Imprimé au Canada sur les presses de Marquis Imprimeur

# Table des matières

Chapitre II
# Portraits   . . . . . . . . . . . . . . . . . . . . . . . . . . . . 71

Chapitre VI
# N° 27, Vladimir Guerrero

Chapitre VII
# Septembre 2001, lendemains

Chapitre VIII
# Courriels

# Avant-propos

Merci Charles.

En juin 2000, Charles Benoît, alors grand patron d'Énergie, m'a dit que je n'étais plus l'animateur principal de l'émission matinale. Il m'a offert de livrer les bulletins de sport. Et de faire un commentaire. J'entreprenais ce jour-là une carrière de scripteur sportif. Voyez-vous, je suis un scripteur, pas un écrivain. Il m'arrive de me prendre pour un écrivain, mais on a tous des problèmes personnels à régler, et je me le pardonne. Depuis 30 ans, je n'écris pas pour être lu, mais pour être entendu.

Quand j'ai commencé en communications, en novembre 1975, j'étais scripteur commercial à CKLM 1570. Je vous invitais à profiter de bas prix jamais vus, de grandes liquidations et de notre gérant qui est devenu fou. J'en ai tapé des « 299,99 $ ». Un an plus tard, je devenais chroniqueur sportif à l'émission du matin de la même station. Alain Montpetit était l'animateur. J'écrivais des sketches et des jokes pour lui. Tout s'est enchaîné depuis. Galas. *Talk-shows.* Variétés. *Sitcoms.* Scripteur toujours.

Depuis 2000, j'écris sur le sport tous les jours. Pour un scripteur doublé d'un maniaque de sport, c'est le bonheur. Le sport et les mots sont deux grands amis.

Je vous suggère quelques textes écrits et livrés sur Énergie depuis 2000. Je les ai un peu retouchés pour que la transition entre vos oreilles et vos yeux se fasse en douceur.

Il y a aussi quelques-uns des extraordinaires textes que vous m'avez écrits. Ces textes parlent de vos souvenirs de sportifs, de sportives. J'en ai retenu 41. J'aurais pu en choisir trois fois plus. Je les ai gardés pour la fin.

# Chapitre I
# Angles

## Sport et musique

DIFFUSION : 8 MAI 2001

Le sport et la musique ont toujours cohabité. Frère et sœur. Ils sont apparus et se sont organisés en même temps, à peu près pour les mêmes raisons : distraire, amuser le monde. Aujourd'hui, le sport et la musique font encore bon ménage. Souvent, les athlètes et les musiciens se côtoient. Ils vivent les mêmes excès. Les mêmes vies dans les mêmes avions et les mêmes hôtels. Les tournées. L'éclairage. L'autographe. Certains ont de l'imagination, d'autres répètent avec talent un plan écrit et conçu par un autre. Garth Brooks est allé au camp des Padres. Oscar de la Hoya a été finaliste pour un Grammy, musique latine. Yannick Noah en France. *La Petite Jument* d'Yvon Lambert. La guitare de Théo. David Beckham et sa blonde épicée. Madonna et Dennis Rodman. Lance Armstrong et Sheryl Crow. Sport et musique, un naturel.

Le hockey, c'est le rock'n'roll. Plusieurs s'ennuient du temps des six équipes, comme d'autres s'ennuient du temps où il y avait cinq ou six groupes qui dominaient les autres : les Beatles, les Stones, les Beach Boys. Comme le hockey, le rock'n'roll se joue à cinq ou à six. Basse et clavier à la ligne bleue. Deux guitares aux ailes, le chanteur au centre. Le gardien en arrière, à la batterie. Aujourd'hui, il y a trop de *bands* et trop d'équipes, le son et le fond sont pareils d'une partie à l'autre, d'une toune à l'autre. Une dizaine de groupes dominent et les autres attendent de faire un *hit*. Changent le gérant quand ça ne marche pas.

Le football a beaucoup évolué. Quand il n'y avait pas de noirs et que le football recrutait ses gens dans des universités plus blanches que l'âme de Notre-Dame, le football était une marche militaire. Aujourd'hui, c'est du funk. Un mouvement très synchro, une rythmique explosive. Section de cuivres, deux ou trois guitares en couleurs, avec des superbes choristes féminines le long des lignes. Aujourd'hui, le football est beaucoup plus musclé qu'avant. Sur la scène, ils sont une vingtaine, et ça *groove.*

Le basket, c'est du rap, du hip-hop. Occasionnellement un fond de reggae. C'est une musique de danse improvisée. Pleine de pirouettes improvisées. Gracieuse. *Black.* Tout est basé sur le mouvement. Avant que l'*african american* n'apparaisse, le basket sonnait comme un *barber shop quartet.* Aujourd'hui, ils ont quitté les soussols d'église et rappent dans les cours d'école. *Dancin' in the street.*

Le soccer, c'est de la musique folklorique. Elle change de pays en pays et s'ajuste selon le public. En Italie, c'est la tarantella. En France, de la musique celte. Le foot irlandais est joyeux, ivre ou pugnace, comme ses ballades. L'Allemand est discipliné et rigide. L'Africain danse en groupe. Le Brésilien est tout en samba et bossanova. Le ballon argentin est poussé d'un pied viril, comme le tango.

Le baseball, c'est le jazz. Tout le monde s'ajuste sur tout le monde et chacun se prépare à son solo. On sait quand le solo arrivera, mais on ne sait pas comment et où il va aller. Tout le monde s'accordera autour du soliste. Aura-t-il frappé à gauche, à droite, loin, par terre ou dans les airs? Les autres suivront et ne commettront pas d'erreurs. Il y a des solistes superbes qui ne seraient rien sans leurs accompagnateurs. Le baseball se regarde comme le jazz s'écoute: attentivement ou juste comme ça, dans le décor, pour accompagner l'homme et sa blonde dans une boîte de nuit, l'homme et son fils au match de balle. Au même moment où on intégrait le baseball avec l'arrivée de Jackie Robinson en 1947, les musiciens noirs et leur jazz explosaient à New York et à Chicago. Les grands noms du jazz sonnent comme des noms de baseball.

Voici l'alignement partant des Jazzers de la Nouvelle-Orléans. 1. Sonny Rollins, ss; 2. Dave Brubeck, 2b; 3. Cannonball Adderley, rf; 4. Miles Davis, cf; 5. Charlie Parker, 3b; 6. Chick Webb, 1b; 7. Herbie Hancock, c; 8. Dexter Gordon, lf; 9. Duke Ellington, p.

**Enclos des releveurs:** Dizzy Gillespie, Bill Evans, Louis Armstrong, Art Blakey, Willie «Count» Basie, John Coltrane, Thelonious Monk, Jack DeJohnette, George Gershwin et Charlie Mingus.

**Banc:** Wayne Shorter, Dave Holland, Benny Goodman, Stan Getz, João Gilberto et Billie Holiday.

Comment battre cette équipe?

## Les équipes
DIFFUSION: 12 FÉVRIER 2004

Je sais qu'il y a des événements importants et majeurs qui se passent actuellement dans le joyeux monde du sport. Je sais qu'on s'apprête à rapetisser les jambières des gardiens, à leur interdire de jouer avec la rondelle et à rajouter 12 pouces aux lignes bleues. Mais je suis un rebelle et une tête de plume, alors ça ne me tente pas d'en parler. Je veux plutôt parler d'un de mes sujets favoris: les surnoms des équipes. Ça ne sert à rien, je sais. Mais j'ai le droit d'être inutile. Il y a mille choses à dire concernant les surnoms des équipes de sport. La première, c'est qu'à Montréal on fait dur. En matière de surnom, on est poche. Notre équipe de hockey s'appelle les Canadiens. Notre équipe de balle, c'était des Expos, et nos joueurs de football sont des Alouettes. La seule autre chose qu'on sache sur les alouettes, c'est que c'est un oiseau devenu populaire du fait qu'on lui arrache les plumes, le bec, les ailes, la tête et tout le reste. Pour les surnoms: Montréal est zéro en trois.

Si on fait le décompte, dans les quatre sports majeurs en Amérique : hockey, baseball, football et basket, on dénombre 38 animaux. Il y a les félins : des tigres, des lions, des panthères. Il y a aussi des taureaux et différentes sortes de chevaux : des colts et des broncos. À Chicago, il y a des gros et des petits ours. Des poissons sur les deux côtes, des requins dans l'Ouest, des espadons dans l'Est. Il y a des guêpes, des dinosaures et différentes sortes d'oiseaux, surtout des prédateurs : des aigles, des éperviers noirs, des éperviers de mer, des faucons et des corbeaux. Mais il y a aussi d'inoffensifs geais bleus, des orioles ou des pingouins. Même des canards puissants.

Il y a des cowboys, des vikings, des cavaliers et des rois. Des géants et des titans. Il y a aussi des autochtones : Indiens, peaux-rouges, chefs et braves. Il y a des cols bleus : des brasseurs à Milwaukee, des empaqueteurs à Green Bay, des métallurgistes à Pittsburgh, des marins à Seattle et des ouvreurs de chemins à Portland. Il y a des anges et des diables. Des moines et des saints. Des patriotes. Il y a des guerriers, des pirates, des sorciers et des magiciens. Des fusées à Houston et des supersonics à Seattle. À Dallas, à Phoenix et à Miami, il y a des étoiles, des soleils et de la chaleur. Il y a des désastres naturels : la foudre à Tampa Bay, les flammes à Calgary, l'avalanche au Colorado et l'ouragan en Caroline. Pour les amateurs de linge, il y a des bas blancs à Chicago, des rouges à Boston, des vestons bleus à Columbus et des culottes bouffantes à New York. Pour les amateurs de musique, il y a du blues à Saint Louis et du jazz dans l'Utah. Il y a des objets : des pistons à Detroit, des garnottes à Denver, des factures à Buffalo et des rasoirs à Los Angeles. On aime terminer premier, mais à San Francisco ils se contentent d'être 49$^e$, et à Philadelphie, 76$^e$.

Le titre du nom le plus poche du sport professionnel appartient à Cleveland. Je ne sais pas ce qui s'est passé là, mais à Cleveland il y a des bruns. Les bruns de Cleveland. Même les fromages de Warwick sont une coche au-dessus.

# La joie

DIFFUSION : 21 DÉCEMBRE 2000

Dans le monde merveilleux du sport, un des sentiments le plus souvent éprouvé est le sentiment de joie. Le spectateur. La maman de l'athlète. Sa blonde. Son coach. Tous éprouvent de la joie. Ils vont sauter, danser, crier, chanter, souffler dans une grosse flûte rouge en plastique, agiter un gros doigt en éponge et donner un coup de coude au thermos de la madame, au verre de bière du monsieur.

Mais c'est l'athlète surtout qui ressent la joie. C'est lui qui est envahi par ce soudain orgasme. Orgasme provoqué par la réussite. Une réussite qui s'appelle un but, un touché, un circuit, un *dunk*, un chrono.

Au hockey, quand le joueur marque, il prend son élan, pose un genou sur la glace et pompe son bras droit. Il se rend au banc à toute vitesse et exige que tout un chacun lui fasse le *high five*. Dix-sept mains gantées se tendent. Le joyeux scoreur les tape toutes, en 3,6 secondes. Le tout se termine par une accolade avec les autres joueurs sur la glace. Une des danses de joie les plus subtiles est celle du gardien qui vient de gagner la Coupe Stanley et qui se rend à l'autre bout de la patinoire en sautant avec ses grosses *pads*.

Au baseball, une invention de Sammy Sosa maintenant reprise par de nombreux autres, dont Vladimir, consiste à remercier le ciel. Ils envoient un ti-bec au bon Dieu en croisant le marbre. *Body slam*, *high five*. La dernière mode est difficile à décoder : certains duos ont développé une chorégraphie avec les mains, un genre de poignée de main comme une danse. Deux fois en haut, en l'air, à l'envers, par-dessous, par-dessus, en bas, en haut, en deux secondes. Au soccer, depuis toujours, après avoir marqué, le joueur part à courir, tout comme la poule à qui on vient de retirer, par un geste tranchant et soudain, l'option de réfléchir. Depuis quelques années, le joyeux montre ses totons en courant et lance son chandail.

Au golf, il a été longtemps mal vu d'être joyeux. Ce n'est pas très gentleman. La bienséance voulait qu'on se contente d'un petit sourire de comptable. Tiger a changé ça. Quand il *calle* un long roulé, il pompe le bras comme au karaté. De nombreux golfeurs lancent la balle dans la foule. Curtis Strange a déjà plongé dans un étang. L'équipe américaine de la Coupe Ryder en a fait autant.

À la boxe, le gagnant grimpe sur un câble et harangue la foule les bras dans les airs, laissant flotter dans l'air une preuve que même un solide déodorant ne peut rien faire contre 12 rondes de boxe.

Au tennis, c'est varié : on saute par-dessus le filet, on s'effouare à terre, on court dans les estrades, on frenche une top modèle.

Une critique ici : le quilleur et le mini-putteur ont la joie un peu trop facile. On se congratule aux 10 secondes. Madame Buis a fait un triple bogey sur le trou du chameau : *high five*! Monsieur Godin a envoyé sa boule dans le dalot au premier carreau : *high five*! Je suggère aux amateurs un peu de retenue sur le *high five*.

Dans la NFL, je vote oui pour les 45 gallons de Gatorade sur la tête du coach. Ça marche encore. C'est même devenu une tradition, une signature. L'image d'un patron tout gommé de Gatorade orange a quelque chose de sympathique. Le *cocobunt*. Quand les joueurs se cognent le casque comme des béliers, après un sack du quart. Oui. Le lancer du ballon de toutes ses forces sur le sol après un touché. Oui.

Mais quand Terrell Owens sort un crayon de son bas, signe le ballon de football et le remet à son comptable dans les estrades pour manifester sa joie, ça me fait mal aux dents. Ses danses, ses mises en scène. S'il vous plaît! À chaque fois que je le vois faire, je regarde son tibia. Le jour où il sera cassé, c'est moi qui vais danser.

## La foule

DIFFUSION : 30 JANVIER 2001

Quand elle voyage d'une ville à l'autre, elle change. En fonction d'où elle se trouve et de ce qu'elle regarde. Boston est La Mecque de l'intelligentsia américaine avec l'Université Harvard d'où sortent les cerveaux les plus affûtés et les plus frétillants aux États-

Unis. Comme Boston est la ville où on trouve le plus d'écrivains, de réalisateurs, de docteurs ou de critiques au pouce carré, on pourrait penser que la foule de Boston est bien tenue, cultivée et sage. Mais non. Elle crie comme une mal élevée, lance de la bière et sent la pisse.

À Los Angeles, elle est chic et de bon goût, *jet set*. Il y a toujours une tête connue, une tête couronnée, une tête forte reconnaissable malgré ses verres fumés. Toujours un décolleté connu qui vient lui donner sa couleur Hollywood. Mais elle est conne et quitte les lieux à quatre minutes de la fin. Ou à la septième manche.

Dans le sud de Chicago, elle est grossière et vociférante, mais quand elle est au nord, elle est bien tenue et boit du Perrier.

À New York, elle est bigarrée, barbouillée et son quotient intellectuel est à une coche de la totale débilité (une coche en dessous).

À Montréal, elle est affamée. Au Forum, elle était heureuse, réjouie, bien portante et de bonne humeur pendant des années. Puis on l'a déménagée et forcée à un régime amaigrissant qui l'a rendue acariâtre, exigeante et frustrée. On ne lui a pas enlevé sa culture et ses connaissances, mais on lui a enlevé son pain, comme un avocat de talent en chômage. Au Stade olympique, elle a été comme sur un grabat : cancéreuse et maigrichonne. Elle a fait pitié, et a longtemps refusé de mourir. Au Stade Percival Molson, devant ses Alouettes, elle n'est pas riche mais tellement heureuse de vivre. Comme dans un 4 ½ de Côte Saint-Paul. Il y a moins à bouffer, il fait froid, mais elle est toujours de bonne humeur.

En Europe, elle connaît des chansons par cœur, qu'elle passe la partie à chanter. Ici, elle ne nous casse les oreilles avec ses chansons qu'à la fin de certains matches, en entonnant la célèbre chanson de l'ananas. « Ananas, héhé, goodbye ». En Angleterre, elle vire carrément folle. Une *bolt* de slaque, une vis lousse, comme on dit, et elle transporte sa maladie partout en Europe.

# Je t'aime

DIFFUSION : 14 FÉVRIER 2001

Je t'aime.

Je t'ai toujours aimé. Je t'aimerai toujours.

Je t'aime de toutes les façons.

Avec le sourire aux lèvres ou la langue qui traîne à terre ou les yeux dans l'eau salée. Je peux te dire je t'aime sur tous les tons.

En criant au bout de mon souffle. En silence, les yeux fixés sans cligner. La gorge serrée et les sueurs chaudes dans mon dos.

Je t'aime de toutes les façons.

Toi seul peux m'enflammer comme tu m'enflammes.

M'envoûter comme tu m'envoûtes.

Tu me fais languir, me fais attendre, me fais exploser, me fais revenir.

Je me lève la nuit, je pense à toi.

Tu me fais rêver.

Tu fais que j'ai hâte à demain, tu fais que je ne peux pas oublier hier.

Je ne peux pas imaginer une journée sans toi.

Tu sais me donner la paix quand je veux la paix, tu sais me faire hurler, me faire grogner.

Je t'aime avec mes mains, avec mes jambes.

Je t'aime avec ma tête.

Je t'aime en courant ou allongé sur un sofa.

Tu honores ma mémoire tous les jours, et tous les jours tu t'y fais une place plus grande et plus belle.

Tu as accumulé des trésors.

Oui, toi le sport, je t'aime.

Tu es irrésistible quand tu passes par le bras de Tiger qui pompe au bout d'un putt de 80 pieds.

Quand Patrick Poulin, obscur travailleur qui nous ressemble, marque deux buts, puis deux autres, puis deux autres.

Quand Vladimir la pince sur le nez.

Quand Maurice marque son dernier pour une 3000$^e$ fois.

Quand Koufax ou Lafleur ou Olga Korbut ou Myriam Bédard ou Ti-Guy Émond viennent faire un tour dans ma tête avec chacun son souvenir, son moment, son histoire.

C'est grâce à toi si je m'enrichis, si j'en ai tant en tête et dans le cœur.

Quand tu es un gros doré qui donne un coup.

Un par 4 de 385 verges sculpté dans le jardin d'Eden, un petit samedi matin frais avec trois chums.

Quand tu es mon Francis qui passe un frappeur dans la mite.

Quand Simon revient du bois avec son grand-père et de la viande pour l'hiver.

Quand Félix danse sa capoeira dans son appartement près de l'université.

Quand une sprinteuse décolle.

Un *dunk* d'Allan Iverson, une feinte de Denis Savard sur une vieille VHS.

Une courbe de Satchel Paige au ralenti. Une passe de Montana à Rice.

Quand tu parles par la voix de René Lecavalier, ou par celle de mon père qui raconte, ou celle de Rodger qui s'égosille. Vladimir! Vladimir! Vladimir!


Je t'aime.

Je t'aime quand tu grimaces dans un col des Pyrénées.

Quand tu danses comme Ali.

Quand tu gueules comme MacEnroe.

Quand tu mâches comme Bergeron derrière le banc des Nordiques.

Quand tu as les joues rouges de Mélanie Turgeon.

Que tu plonges dans le sable comme une joueuse de volley-ball.

Que tu as dans les yeux le feu de Caroline Brunet.

Même si je n'ai plus rien de l'athlète qu'un occasionnel torticolis, tu me fais fantasmer.

Je marque encore le but gagnant.

Je fais toujours l'arrêt clé.

Je passe encore une masse du revers au ping-pong.

Je t'aime.

## Patinage et brocoli
DIFFUSION : 21 FÉVRIER 2001

Avec toutes les chaînes de télévision spécialisées dans le sport aux États-Unis, si un sport n'est pas présenté à la télévision, c'est que c'est vraiment nul. On peut y voir de tout. Les chaînes commencent même à s'ultraspécialiser. Le Golf Channel, le Racing Channel, les canaux chasse et pêche. De tous les sports présentés à la télévision, le football trône en roi. Vous savez quel sport vient deuxième ? Ce n'est pas le hockey, qui est très loin derrière (derrière les courses en camion, en fait.) Ce n'est ni le baseball, ni le tennis, ni le golf, ni la course automobile, ni la lutte. Le deuxième est le patinage artistique. Et plus spécifiquement, le patinage des filles.

Pourquoi le patinage artistique attire-t-il tant ? Parlons d'abord des athlètes qui le pratiquent. Elles doivent avoir une résistance invraisemblable à l'effort. Aucun joueur de hockey ne pourrait patiner avec cette vigueur, sans relâche, pendant trois longues minutes, sans que le cœur ne lui explose dans la poitrine. Vous et moi, 15 secondes et on appelle Urgence Santé. Au bout de ces longues secondes, la patineuse doit encore avoir suffisamment de ressort pour s'envoyer en l'air et faire des tourniquets, des sauts, des sparages, en avançant par en arrière. Des prestations qui doivent être d'une précision d'horloger. Elles doivent retomber exactement dans le bon angle, sur *une* lame de quatre millimètres de large. La moindre erreur et c'est la chute, ou le tendon qui cède. Elles ont des cuisses comme des troncs d'arbre, comme dirait Raoul

Duguay. La patineuse fera tous ces efforts en maintenant grâce et fluidité. Elle suivra à la lettre un plan précis. La prestation sera aussi en parfaite symétrie rythmique avec la bande sonore. Force, résistance, puissance, rythme. Des heures d'entraînement. Une fois l'exercice terminé, une fois qu'elle a tout donné, qu'elle est vidée, télévision oblige, elle va s'asseoir avec une grosse caméra braquée dans la face. La caméra scrutera son moindre rictus à l'apparition de ses notes. Quand une fille a raté sa chorégraphie ou a chuté, elle souffrira maintenant devant des millions de personnes. Certaines s'effondrent en larmes, d'autres forcent plus que sur la glace pour ne pas laisser paraître le désarroi. Pour toutes ces raisons, techniques aussi bien qu'émotives, le patinage artistique est un sport à succès à la télévision. C'est sûr que le petit costume à paillettes aide un peu à convaincre le client mâle. Mais si peu.

Regardons le brocoli, ce sympathique légume. Voici un légume très joli qui ressemble à un bonzaï. Le brocoli est plein de vitamines naturelles et essentielles. Il se bouffe cuit ou cru, en salade, gratiné ou en crème. Il a mille qualités. Après les patates, c'est le légume le plus populaire. On doit le reconnaître. Je le reconnais.

Mais j'aime pas ça pareil.


## De retour après la pause
DIFFUSION : 27 SEPTEMBRE 2001

Voici comment et pourquoi le sport professionnel d'équipe a été inventé en Amérique. Le premier a été le baseball. Entre 1800 et 1850, il y a eu la révolution industrielle qui a bouleversé la suite de l'histoire. L'homme a appris à produire en série. Deux conséquences majeures à cette nouvelle capacité. Un, ça ouvre le marché de l'emploi comme jamais auparavant. Des milliers de nouveaux emplois. Dans les mines, dans les champs, et surtout à l'usine. Les plus vites construisaient des usines et donnaient des jobs aux gens. L'homme travaillait comme un dingue. Des heures et des heures à faire des jobs qui tuent. Jamais de loisirs, sauf faire des petits. Et ils en faisaient à la douzaine. Besoin de main-d'œuvre. Ça tombait bien parce que c'est la clé de la deuxième conséquence : l'arrivée en masse de futurs clients. En plus, les premières vagues d'immigrants débarquaient des bateaux. La plupart d'entre nous en sont les preuves vivantes. Le bonhomme travaille à l'usine. La bonne femme, enceinte *non-stop* pendant 12 à 15 ans, élève le troupeau. Tout le monde sue et tout le monde crève de fatigue.

Pendant ce temps, des aristocrates new-yorkais, rares privilégiés qui ont le temps d'avoir des loisirs (riches héritiers, fils d'hommes d'affaires ou intellectuels de salon), ont importé et adapté deux ou trois vieux jeux d'Angleterre. Ils les ont mêlés un dans l'autre et ont inventé le baseball. Ils s'amusent les week-ends dans des parcs. C'est un jeu de riches qui attire la curiosité du passant. Le monde va voir. Les compagnies, toujours vites à flairer le profit, s'emparent du phénomène et organisent des équipes et des ligues. Elles recrutent les joueurs parmi leurs employés et offrent à tous les autres un divertissement original, une soupape. Une première occasion historique de « débarquer » de la job. Le boss, ce bon garçon, te faisait suer dans son usine, mais t'offrait de l'autre main un passe-temps. Pour 25 cennes. Tout le monde voulait avoir le statut de joueur pour la compagnie et le jeu s'est développé. Tout le monde voulait apprendre. C'était la clé. Si on ne sortait pas totalement de la mine, du champ ou de l'usine, au moins on récoltait un peu de notoriété, de gloire. On devenait quelqu'un. Mais ce n'était qu'un masque, une stratégie pour fidéliser l'employé. Poudre aux yeux. Un bonbon pour mieux lui faire avaler le reste. En même temps, Dieu est bon, un nouveau produit de consommation.

*Cent cinquante ans passèrent.* Tout est allé trop vite. De produit de consommation qu'il fut pendant une longue période, le sport professionnel est devenu un panneau-réclame pour d'autres produits de consommation. Tout ce qui le rendait agréable à consommer, tout ce qui en faisait un produit de qualité : le sentiment d'appartenance, la fidélité, l'espoir d'être le meilleur, la sensation d'être partie prenante du développement de mon équipe, la proximité entre les joueurs et le public, tout ça a disparu. Mais c'est encore la compagnie qui est aux manettes. Elle nous tient prisonniers. Elle nous vend son hamburger en le mettant dans les mains de Michael Jordan. Nous vend son *running shoe* en chaussant Tiger Woods. Nous vend sa bière ou son cellulaire ou son système de gestion informatique ou son plan de retraite ou son essence, à travers les Canadiens, le Super Bowl ou le Grand Prix de Quelque Part. La vie est une émission de télévision. Avant, le sport était dans la programmation. Aujourd'hui, le sport est dans la pause publicitaire.

## Mon chien pue

DIFFUSION : 22 AVRIL 2003

Les cordonniers sont souvent les plus mal chaussés. Une maxime qui tend à démontrer que le spécialiste d'un domaine ne prêche pas nécessairement par l'exemple. Je parle beaucoup de sport, mais je suis aussi en forme qu'un pétoncle. Votre cordonnier favori a une petite anecdote nature à vous raconter.

Ma fin de semaine de Pâques arrivait à point. À point pour faire le vide mental et le plein physique. Accompagné de ma femme, deux de mes fils et de Joséphine, labrador femelle de deux ans, je suis allé respirer l'air frais des Hautes-Laurentides. Parti au chalet du beau-père, sans eau ni électricité, 75 kilomètres en haut de Mont-Laurier, au bout d'un chemin de terre d'une trentaine de kilomètres. Ma très urbaine fourgonnette, vieille de 10 ans, s'est tapée tout un marathon. Elle a évité trous, bosses et coulées d'eau saisonnières. Je me sentais comme un conducteur de rallye en forêt.

Arrivé à destination, le plan était de marcher dans la nature montagneuse, me faire aller le mollet un peu et faire du sirop d'érable artisanal. Ce qui fut fait : un gallon et demi. Mon ingénieux beau-père s'est bizouné une petite sucrerie il y a une vingtaine d'années. Tôt samedi matin, je me suis mis au travail. Disséminées dans la forêt environnante, il y a une centaine de chaudières accrochées à autant d'érables. Le sportif que je suis, monsieur nature, vidait des cannisses, transportait des cinq gallons d'un arbre à l'autre et revenait à la petite cabane, chargé comme un âne. Journée terminée : le sommeil ne s'est pas fait attendre. Mes mollets et mes biceps en avaient arraché.

Le lendemain matin, mon horloge biologique me réveille à quatre heures. Ma chienne, qui raffole du froid, avait dormi dehors. Normalement, elle se lève vers huit heures. Exceptionnellement, en ce dimanche de Pâques, elle s'est levée avec moi. Contente de courir dans la nature, elle s'amusait dans les sous-bois encore plongés dans l'obscurité. Oreilles tendues, heureuse, elle découvrait un tout nouvel environnement en exerçant son métier naturel : chien de chasse. Je l'appelle. Puis je l'appelle encore. Et encore. Au bout de cinq minutes, elle apparaît : elle avait chassé son premier gibier et l'avait même presque attrapé. Une mouffette.

L'amant de la nature a donc passé Pâques non pas à marcher dans le bois et à respirer enfin l'air frais, mais à laver un chien, gros comme un cheval, fort comme deux, avec de l'eau qui était un minuscule degré au-dessus du point de congélation. Pas frette, très frette. La recette miracle pour un chien arrosé, c'est le jus de tomate. Le jus de tomate le plus près est à une heure de route de boue. Pas très disponible à cinq heures, le matin de Pâques. Si vous rencontrez un labrador brun qui sent le lait 2 %, le shampoing à la citronnelle, le Hertel Plus biodégradable et la sauce à nachos, avec un fond de mouffette, elle s'appelle Joséphine et est très douce.

## La chasse
DIFFUSION : 23 OCTOBRE 2002

Mon fils le plus jeune est un pacifique. Mince comme un crayon à mine, allergique à toute espèce de violence. C'est un bizouneux, toujours occupé à quelque subtile besogne. Il joue de la guitare. Est un admirateur inconditionnel de Jean Leloup et de Metallica. Il fait de la planche à neige l'hiver et passe son été à jouer au baseball. Il a joué dans quatre équipes l'été dernier, en plus d'arbitrer une quinzaine de matches. Il adore les moteurs et son grand-père. C'est justement après quelques visites au chalet de son grand-père Jean-Marie, 75 kilomètres en haut de Mont-Laurier, qu'il a décidé de suivre les deux jours de cours intensifs et d'obtenir son permis d'arme à feu. Afin d'accompagner le vénérable patriarche à la chasse au gros gibier.

Grand-papa Jean-Marie est un adepte de la chasse depuis l'adolescence. Un gars de bois. Les arbres qui jaunissent, ceux qui rougissent. Le froid qui s'installe tranquillement la nuit et laisse une trace dure sur la nature du petit matin. L'air frais, c'est une drogue. Le silence rompu seulement par tes propres pas. Les odeurs du bois. Les longues marches à fouler un sol qui se renouvelle automne après automne. Perdu dans ses pensées, ses plans d'avenir ou le bonheur de juste être là, là.

Pour certains chasseurs, ça s'arrête au petit gibier. Perdrix, canards et lièvres. Ils n'ont jamais pu se résoudre à tirer entre les deux yeux de Bambi et de ses amis. J'ai déjà affirmé (pour mieux me contredire le lendemain) que le golf n'était pas un sport. Vous pouvez imaginer ce que je pense de la chasse. Bien qu'aux Olympiques il y ait du tir à la carabine, du tir à l'arc, et du lancer de javelot, la chasse n'a rien à voir avec le sport. Mais tout à voir avec la vie qui bat, et la mort qui suit pas loin. Les chasseurs ne sont pas des athlètes, ils sont des philosophes.

Un paradoxe des ligues majeures. Ce qui unit la grande majorité des chasseurs, c'est leur amour inconditionnel du sentier de feuilles, de l'air frais, de la retraite et du silence trompé par le *tchik-a-di-di-di* d'une petite mésange à tête noire ou le hululement d'un huard sur le lac. Il s'assoit sur une roche, ou adossé à un bouleau. Il respire et attend. Armé. À l'affût du craquement suspect. Le chasseur de gros gibier peut passer des heures, des jours, des semaines et des années sans tuer. Même s'il revient à la maison bredouille, il a une nouvelle paix dans la tête. L'air frais a eu un effet sur ses états d'âme. Il a hâte de retourner attendre l'automne prochain.

Un jour, mon fils entendra craquer. Il tournera sa tête à droite, puis à gauche. Il verra à 100 pieds un gros *buck* qui ne se doute de rien. Délicatement, sans faire le moindre bruit, il posera la crosse de son arme sur son épaule. Regardera bien la tête et les yeux de l'animal. Positionnera la petite croix de son objectif en plein cœur. Il se calmera. Quand il verra parfaitement bien à travers la lunette de son fusil, dans sa tête commencera le combat.

« *Je tire ou j'abandonne ?* »

Pour la première fois de ma vie, j'espère qu'il va abandonner.


## Un *reality show*

DIFFUSION : 17 SEPTEMBRE 2003

Le boss de BAR, David Richards, a eu une idée. Jacques Villeneuve participera à une émission télé en Angleterre. Ça s'appelle *Fame Academy*. Une télé réalité. Le concept : une compétition entre Jacques et d'autres jeunes pilotes. Le but : dénicher celui qui secondera Jenson Button au volant de la deuxième BAR, en 2004. Jacques Villeneuve qualifie l'initiative du patron de BAR de ridicule. Le boss a déjà discuté de l'idée avec Bernie Ecclestone qui ne s'est pas étouffé dans son caviar. Il n'a pas balayé l'idée. Question de visibilité pour la F1, ça se défend. On sait la popularité de ce genre de spectacle télévisuel.

Michèle Richard et Jacques Villeneuve, même combat.

La télé réalité a commencé avec *Survivor* aux États-Unis. Devant le succès de la recette, les autres ont suivi. Aujourd'hui, il y a des centaines d'émissions de télé réalité. On place les gens dans une situation X et on laisse la situation se développer d'elle-même sans qu'un scénario ne soit écrit d'avance. Le producteur et le diffuseur se croisent les doigts et espèrent les émotions. On espère le drame, la comédie, la trahison, l'accident imprévu. À la fin, tout le monde a été éliminé, il reste un gagnant. Tout le monde et son père essayent de profiter de la recette et de l'appliquer à différentes sauces. Richards comme les autres. *Let's do a reality show.*

Hello? Monsieur Richards? Les sports professionnels sont déjà des *reality shows*. C'est même à la base du sport. Le sport est le seul show de télévision totalement improvisé, et presque imprévisible. C'est précisément ce qu'est le sport : un *reality show*. Voyons voir. Des individus sont placés dans une situation X. On donne le signal du départ et le scénario se développe de lui-même. Avec toute sa gamme d'émotions : le drame, la comédie, la surprise, le héro du jour, de la semaine, du mois, de l'année. Tout se dénoue, sans scénario écrit, et à la fin tout le monde est éliminé. Il reste un Tiger Woods, ou un Andy Roddick, ou un Éric Gagné.

Où c'était écrit qu'Éric Lucas allait être la victime d'un vol manifeste en Allemagne? Que Bryan Bérard allait perdre l'usage d'un œil et revenir plus fort? Que les Canadiens allaient perdre jusqu'à la dernière minute, puis revenir et gagner? Où c'est écrit, Saku et son cancer? Et la petite Henin-Hardenne qui matte la grosse Serena? Que Ben Curtis (qui?) allait gagner l'Omnium britannique? Lance Armstrong qui bat le cancer, les Alpes, les Pyrénées et la France, six ans de suite? Tous les sports sont des *reality shows* dans leur essence même. Monsieur Richards, avez-vous remarqué qu'au cours des trois ou quatre dernières années, de tous les sport connus et populaires, seule la F1 avait un scénario prévisible? Tout bien écrit en rouge Ferrari.

## Le fun

DIFFUSION : 1$^{er}$ MARS 2002

Il y a des gens qui gagnent leur vie en fabriquant des tables de cuisine. D'autres sont cuisiniers. D'autres sont infirmières. Qui sont les meilleurs?

Il y a des gens qui soignent les animaux. D'autres écrivent des blagues. D'autres dirigent des grosses entreprises. D'autres enfourchent leur vélo et livrent des paquets d'un bureau du centre-ville à un autre. Qui sont les meilleurs?

La compétence d'un individu dans le métier qu'il pratique est une chose, sa réussite en est une autre. Quelqu'un de très compétent peut avoir une carrière ordinaire, peut aussi devenir le meilleur de sa profession. Le point de départ de la réussite et de la compétence est le même. On entend souvent parler de travail et de talent. Le vieux principe dit que la réussite c'est 5 % talent et 95 % travail.

On laisse de côté une notion aussi importante que travail et talent. La vraie clé du succès : le fun.

À la belle époque du Canadien qui gagnait tout, tout le temps, dans les années du Gros Trois, des championnats et des Coupes Stanley, le meilleur joueur de l'équipe et de la ligue s'appelait Guy Lafleur. C'était su et connu de tout le monde : Lafleur arrivait toujours dans la chambre des joueurs à trois heures de l'après-midi pour un match qui commençait à huit heures. Avec ses patins aux pieds et son bâton aux mains, Lafleur trippait. Il avait tellement de fun, il en devenait imbattable.

Regardons Bono de U2 avec un micro dans les mains. Il fait son métier depuis des lunes et n'a jamais arrêté d'avoir du fun. Il chante dans sa douche, c'est sûr. Le fun est essentiel au succès. On entend souvent parler de « la qualité de vie » et on a tendance à associer qualité de vie et potentiel de consommation. La qualité de vie, c'est être capable d'avoir du fun.

Ceux qui ont vu Ali boxer savent ce que c'est que d'avoir du fun. Je ne vois pas Éric Lucas tourmenté, malheureux ou stressé dans une arène, je le vois avoir du fun. Talent et travail, oui. Fun d'abord. Ceux qui ne peuvent pas, qui ne veulent pas ou qui n'en comprennent pas l'importance vont éventuellement perdre. Ceux qui ont cette clé dans leur trousseau flirteront toujours avec le succès.

Je ne connais pas grand chose en Formule 1, ni en mécanique, en technique ou en aérodynamisme, mais je suis un expert en fun. Jacques Villeneuve n'a pas de fun. Il en a déjà eu, mais plus maintenant. Il est talentueux. Probablement travaillant. Mais je ne le vois pas avoir du fun.

La saison va être longue.

# Boxe

DIFFUSION : 10 SEPTEMBRE 2002

Il y a deux semaines, je déclarais, avec arguments inébranlables, que le golf n'était pas un sport. Tollé dans la foule. Comme j'ai peur des foules, le lendemain je déclarais tout aussi savamment que c'était faux. La précision technique du golf, les heures d'entraînement et l'acuité mentale du golfeur en font un sport très exigeant.

Parlons boxe. La boxe est le parfait opposé du golf. Sauf exception, les carrières sont courtes. Pas question de boxer à 94 ans. Ses adeptes, tant sur le ring qu'autour, sont très rarement beaux blonds, avocats ou fils de médecin avec des pantalons plissés à la bonne place qui trimbalent leur BMW d'une tour à bureaux à leur banlieue. Les adeptes de la boxe sont le parfait contraire des adeptes du golf. Les adeptes de la boxe habitent Saint-Michel, Montréal-Nord et Verdun et trimbalent leurs boîtes à lunch dans les autobus ou leurs Tercel 1983.

À la base, la boxe est un des exercices les plus primitifs de la grande histoire du zoo humain. Dès l'instant où il a su se lever debout et où il en a rencontré un comme lui du village lointain, l'*homo sapiens* ne l'a pas invité à jouer au golf, il a sauté dessus et il l'a battu. Même qu'il n'a probablement pas attendu de se tenir debout avant de commencer à le tapocher. Plusieurs centaines de milliers d'années plus tard, l'affrontement de deux hommes et de quatre poings est devenu un art. Le noble.

Pointez n'importe quel athlète, Éric Lucas est une coche plus en forme. Un autre être humain peut espérer au mieux être *aussi* en forme qu'Éric Lucas. Pas plus, c'est impossible. Résistance à l'effort. Acuité des réflexes. Puissance et force physique. Contrôle. Sens de l'anticipation. Défensive. Jambes. Mains. Cou. Tête. Vision.

Le nœud de la boxe, c'est l'art de combiner la rage et la raison. La rage est un élément essentiel de la boxe. Il faut avoir en soi une rage féroce. Il faut aussi que la raison y soit. La raison canalise la rage et la guide vers les bons exutoires. Si la raison perd le contrôle de la rage, les erreurs ne tardent pas à être coûteuses et souffrantes.

Plus la rage est intense, plus la raison doit être alerte et forte. Dans le paysage québécois, deux illustrations du mélange rage-raison.

La rage d'Éric Lucas est très intense, mais sa raison la domine. La rage de Stéphane Ouellet semble bien seule dans son ring intérieur.

## *Hurricane*

DIFFUSION : 11 FÉVRIER 2004

Sur son album *Desire,* Bob Dylan chante *Hurricane.* Une excellente toune, très endiablée, beau violon. Elle raconte l'histoire du boxeur Ruben Carter. Denzel Washington l'a interprétée au cinéma. J'ai traduit le plus fidèlement possible. Je vous suggère de la lire, en l'écoutant.

### Hurricane

Des coups de fusil résonnent dans un bar
au même moment où Patty Valentine arrive.
Elle voit le barman dans une marre de sang et s'écrie :
« *Ils les ont tous tués !* »

Voici l'histoire de Hurricane,
l'homme condamné par les autorités
pour un crime qu'il n'a pas commis.
Un homme emprisonné alors qu'il aurait pu
devenir le champion du monde.

Patty a vu trois corps et un autre homme, du nom de Bello
qui se sauvait des lieux.
« *Je n'ai rien fait !* a-t-il dit en montrant ses mains. *J'ai seulement volé la caisse. Mais je les ai vus se sauver. On devrait appeler la police !* »

Patty a appelé les flics. Ils sont arrivés avec sirènes et lumières
dans la chaude nuit du New Jersey.

Pendant ce temps, dans un autre coin de la ville, Ruben Carter
et deux amis se promènent en voiture.
Aspirant numéro un des mi-moyens, il n'avait aucune idée de la
merde qui s'en venait. Un policier lui dit de se tasser sur le bord
de la route, comme c'est arrivé cent fois avant.
C'est comme ça que ça se passe à Paterson, New Jersey.
Si tu es noir, tu es mieux de ne pas te montrer dans la rue,
à moins que tu veuilles avoir du trouble.
Bello et son ami Dexter Bradley ont parlé aux policiers :
« *On a vu deux hommes courir, ils avaient l'air de poids moyens,*
*ils ont sauté dans une voiture blanche avec des plaques*
*d'un autre État.* »
Patty Valentine a dit : « *C'est vrai.* »
Un des policiers a vu qu'une des victimes était toujours vivante,
ils l'ont transportée à l'infirmerie.
Le blessé ne pouvait presque pas voir. On lui a quand même
demandé d'identifier les coupables.
À quatre heures du matin, ils ont amené Ruben Carter
à l'hôpital où le blessé mourant a déclaré :
« *Pourquoi vous amenez cet homme-là ?*
*Il n'a rien à voir là-dedans.* »

Voici l'histoire de Hurricane,
l'homme condamné par les autorités
pour un crime qu'il n'a pas commis.
Un homme emprisonné alors qu'il aurait pu
devenir le champion du monde.

Quatre mois plus tard, les ghettos sont incendiés.
Ruben est en Amérique du Sud, où il se bat pour son nom.
Dexter Bradley continue à voler.
La police finit par le prendre sur le fait.

« *Tu te souviens du meurtre qui a eu lieu dans un bar ?*
*Tu te souviens avoir dit que tu avais vu l'auto des coupables ?*
*Tu penses pouvoir jouer avec la loi ? Est-ce que ça se pourrait que*
*la personne dans l'auto ait été le boxeur que tu as vu s'enfuir ?*
*N'oublie pas que tu es un citoyen blanc.* »
Dexter a dit ne pas être certain, les flics ont dit :
« *Tu devrais sauter sur l'occasion.*
— *On peut t'enfermer pour un vol dans un motel.*
— *Si tu ne veux pas retourner en dedans, sois brillant :*
*fais une faveur à la société. L'enfant de chienne de Carter fait son*
*smatte, on a le goût de lui brasser le cul. Le triple meurtre,*
*c'est sûrement lui...* »
Ruben pouvait coucher un homme d'un seul coup de poing,
mais il n'aimait pas s'en vanter.
« *C'est mon travail job, je le fais pour le salaire.*
« *Quand j'accrocherai mes gants, je me pousse en campagne,*
*sur l'eau, dans la nature, je me promènerai à cheval.* »
Mais ils l'ont emprisonné.
Ils ont tout fait pour transformer cet homme en souris.
Toutes ses cartes étaient marquées d'avance.
Le procès était une farce.
Les témoins étaient des ivrognes reconnus.
Pour les Blancs, Ruben était un *bum* révolutionnaire.
Pour les Noirs, c'était un *crazy nigger*.
On n'a jamais vu l'arme du crime, mais le *district attorney*
l'a pointé du doigt et le jury l'a condamné.
Victime d'un procès pipé.
Qui a témoigné ? Bello et Bradley.
Ils ont menti tous les deux.
Et les journaux ont tous embarqué.
Comment la vie d'un homme peut-elle se retrouver entre les
mains de fous ? On devrait avoir honte de vivre dans une société
où la justice est juste une *game*. Les vrais criminels ont des
habits et des cravates, ils boivent des martinis et regardent
le soleil se lever.

Ruben est dans une cellule de 10 pieds carrés.
Un innocent en enfer.

Voilà l'histoire de Hurricane.
Mais l'histoire ne finira pas là.
Il va laver son nom et reprendra sa vie.
Un homme emprisonné alors qu'il aurait pu
devenir le champion du monde.

## Soccer

DIFFUSION : 20 JUIN 2002

C'est pas tout le monde qui a le *guts* de s'asseoir dans un missile
qui file à 300 kilomètres à l'heure et les réflexes pour le guider dans
les courbes et les dépassements. C'est pas tout le monde qui est
capable de manier un bâton et d'être à l'aise comme une ballerine
sur des lames d'à peine quelques millimètres de large. Pas tout le
monde qui peut sauter, faire trois tours sur lui-même et retomber sur les lames exactement dans l'angle parfait. C'est pas tout le
monde qui est capable de frapper une balle de golf. C'est pas tout
le monde qui est même capable d'y toucher. Pour jouer au basket, tu dois mesurer 6 pieds 8 pouces et être capable de lancer un
gros ballon dans un petit panier, 10 pieds dans les airs. Mais c'est
tout le monde qui est capable de donner un coup de pied sur un
ballon. Tout le monde l'a fait. Tout le monde au monde a un jour
donné un coup de pied sur un ballon. Conséquemment, il y a six
milliards de personnes sur la Terre qui sont des joueurs de foot
potentiels. Mon expertise en soccer est aussi vaste et profonde que
mon expertise en haute couture. Zéro.

Je ne sais pas coudre, mais j'aime le beau linge. Je pourrais vous
surprendre en décrivant une parade de mode, aussi. Je suis nul en
soccer, mais je vois la beauté de l'affaire.

Coupe du Monde, il reste huit pays. Huit pays de tous les coins
de la planète. Les quarts de finale font le tour du monde.

Suivez le ballon. Il part de la Corée en Asie du Sud-Est, où le soleil et le jour se lèvent, il pique une pointe un peu plus à l'ouest et s'arrête en Turquie. Poursuit vers l'ouest, rattrape le Sénégal, en Afrique australe, là où l'homme s'est levé pour la première fois. Puis remonte au nord jusqu'en Allemagne. Traverse la mer et s'arrête en Angleterre d'où il bondira jusqu'à la pointe de l'Europe, en Espagne, d'où sont partis les bateaux qui ont trouvé le Nouveau Monde. D'abord l'Amérique du Sud au Brésil et, dernière étape du voyage, les États-Unis d'Amérique. La Corée, la Turquie, le Sénégal, l'Allemagne, l'Angleterre, l'Espagne, le Brésil et les États-Unis. Quel voyage !

Personne de ces gens-là ne voit ni ne pratique le soccer de la même façon. On devine les Brésiliens inventifs et danseurs, on devine qu'ils se sont entraînés toute leur vie avec une samba en arrière-plan. On devine des Allemands au son d'une musique baroque ou militaire. Disciplinés. On devine des Espagnols chauds et vindicatifs. Les Anglais flegmatiques mais courageux. Des Coréens industrieux et fondus les uns dans les autres dans un concept d'équipe mystérieusement efficace. On devine les Américains sans complexes et sûrs d'eux. Les Sénégalais plus vites que le vent surtout en fin de match. On les voit sauter et dépasser d'une tête leurs rivaux, ce qui au soccer n'est pas une mauvaise chose. Clocher contre clocher. Style contre style. Façon contre façon. Couleur contre couleur. L'argent ne compte pas. Pendant la Coupe du Monde, l'argent et la fortune sont remisés. On carbure à la fierté d'être qui on est. Aux quatre coins de la Terre, il y a huit peuples convaincus qu'ils sont choisis.

## Un ballon

DIFFUSION : 14 NOVEMBRE 2001

Le ballon est le symbole de l'enfance. Il y a des ballons de toutes les formes. Des ballons de fête qu'on souffle. Deux cents pour une piasse à la Foire du dollar. Il y a les ballons de plage, les ballons de cuir et ceux de plastique. Le ballon est l'objet que le tout jeune enfant préfère. C'est un objet vivant qui saute, qui roule, qui vole. Le ballon unit l'homme à la joie. Le ballon est la seule petite fenêtre de joie dans les quartiers pauvres de Harlem, où il est projeté dans un panier percé par des adolescents à culottes trois fois trop grandes, les bandeaux et les casquettes à l'envers. Dans les bidonvilles les plus pauvres d'Amérique du Sud ou d'Afrique, il y a toujours un groupe d'enfants qui courent après un ballon en criant.

Le roi de tous les ballons est le ballon de soccer. Le ballon de handball est trop petit, celui de basket trop grand. Celui de football et celui de rugby sont trop pointus, trop imprévisibles. Le ballon de volley-ball est trop léger. Le ballon de soccer est parfait. La forme, la dimension, le poids. Le jeu qui a pris naissance, il y a des siècles, autour du ballon parfait est aussi le jeu parfait. Un jeu de toutes les cultures, et de tous les milieux, qui n'a ni frontière, ni clocher, ni quartier, et qui les a tous. On y joue chez les catholiques en Irlande du Nord. Chez les musulmans du Maroc, en Afrique du Sud, en Australie et en Chine. De plus en plus, au Québec. Les Scandinaves et les Latinos. Les Allemands et les Slaves, Brésiliens et Coréens. Les filles et les garçons, les enfants et leurs grands-parents. Les prisonniers et leurs gardiens.

Le monde joue au soccer. Pourquoi le genre humain a-t-il choisi le soccer ? C'est le sport le plus complet et le plus simple. Aucun équipement pour interférer avec le talent brut. Pas de gant, pas de bâton. Pas de patins, ni de moteur, de raquette, de casque, d'épaulettes ou de skis.

Les meilleurs au monde doivent tout avoir : la rapidité et les réflexes, l'habileté, l'endurance et la force. C'est le seul jeu au monde où on se sert carrément de sa tête. Zinedine Zidane court vite. Foutez-lui un ballon entre les pieds et il accélère.

La seule terre qu'il reste au foot à conquérir, c'est l'Amérique du Nord. Le rempart qui se dresse à ses frontières, monté par les industries du basket, du football américain, du baseball et du hockey, semble insurmontable. Mais l'être humain finira par prévaloir. Pour le plus grand bonheur de nos enfants.

## Portugal

DIFFUSION : 29 JUIN 2004

Parlons Portugal. J'aime le Portugal. Je me sens proche du Portugal. Ça vient de mon enfance. Je suis né à Rosemont, mais j'ai grandi à Saint-Martin, ville de Laval. Les Portugais sont dans ma culture. Quand j'étais jeune élève à l'école Leblanc, les Portugais étaient dans le décor. Aujourd'hui, la communauté ethnique première, c'est les Grecs. Le Saint-Martin des années 1950 et 1960, c'étaient les Portugais. Ils étaient tous très forts à l'école, d'excellents servants de messe et des athlètes. Ils avaient des noms qui avaient de la gueule. Des beaux noms remplis de musique que je n'ai jamais oubliés.

Les Moniz. José Moniz et son petit frère Doarto Moniz. Il y avait aussi son cousin, Adrien Moniz, un costaud. Une gang de Moniz. Ils sont peut-être les descendants de la femme de Christophe Colomb qui s'appelait Filipa Perestrelo Moniz. D'ailleurs : la Niña, la Pinta et la Santa Maria ont été bâties par des Portugais.

Il y avait Louis Barboza. Il y avait aussi José Cabral, un autre sportif, et son chum, juste un peu plus vieux, Jean-Louis Varao. Un premier de classe et un athlète complet. Tous ces gars-là habitaient dans le même coin, à un mille de l'école dans le fond du boulevard Jarry. C'étaient les meilleurs sportifs de la paroisse. Au ballon chasseur, les premiers choisis. Au baseball, les tops. Au soccer, bien sûr. J'aimerais savoir ce qu'ils sont devenus. Je les imagine : une gang de cinquantenaires qui, dans ma tête, auront toujours 10, 12, 16 et 20 ans. Demain, ils seront dans un salon et vont regarder le match entre le Portugal et les Pays-Bas.

Le portugais, c'est la langue du Brésil. Le Brésil, c'est Pelé, Ronaldo, Ronaldinho. Le Brésil, c'est le pays de la samba et la samba est dans moi. La même samba peut faire danser le vendredi soir, faire pleurer le samedi soir et faire baiser le dimanche matin. João Gilberto, Astrud Gilberto, Gilberto Gil, Stan Getz, Baden Powell,

Venitius de Moraes, le Brésil, c'est le Portugal plus l'Afrique, divisé en deux.

Quand j'écoute les passionnés de football discuter des mérites des uns et des autres, Luis Figo, le numéro sept de la seleçao, est toujours mentionné dans le même paragraphe que Zidane, Ronaldo, Beckham et del Piero. Dans l'équipe, il y a aussi Costinha, Valente, Carvalho, Andrade et Maniche. Je ne sais pas qui ils sont, je sais qu'ils sonnent. Je ne voudrais pas que mes amis grecs, hollandais ou tchèques m'en tiennent rigueur, mais par solidarité avec mon enfance et mes jeunes compagnons de jeu et de classe : Moniz, Cabral, Varao, Barboza et les autres, je dis : « *Go Portugal, vive Figo et vive le Fado !* »

## Les Grecs
DIFFUSION : 5 JUILLET 2004

*Trois* semaines de pur délice. Trois semaines pendant lesquelles les mordus sont passés par tous les chemins des émotions. L'Euro 2004 s'est terminé hier dans une bagarre entre deux pays qui n'auraient pas dû être de la finale. A été gagné par celui des deux qui avait le moins d'affaire là. Les Grecs. Comme on le fait quand on raconte un film : revoyons le fil du scénario tel qu'il s'est écrit au Portugal, depuis le 12 juin dernier. En début de tournoi, les gros canons habituels étaient les favoris. Mais dès la ronde préliminaire quelques géants s'étaient fait sauter le ballon des pieds. L'Allemagne, l'Italie (finaliste en 2000) l'Espagne et la Russie. *Out* en préliminaire.

Quand les quarts de finale ont commencé, il restait tout de même du gros calibre, dont les champions défendant et favoris, les Bleus. Aussi les Anglais, les Néerlandais, les Suédois, les Tchèques et les Danois. La France et l'Angleterre sont retournées chez eux avec rien dans le sac, que des regrets, des explications et des plans pour l'avenir. Il y avait aussi les deux petites équipes, la Grèce et le Portugal. En demi-finale, le Portugal a dit non aux Pays-Bas. Le mur grec s'est dressé devant les Tchèques.

Restaient sur l'échiquier les deux mêmes équipes qui avaient procédé à l'ouverture du tournoi, la Grèce et le Portugal. Match qui s'était soldé par une défaite surprise des favoris locaux, 2-1, et qui laissait entrevoir la possibilité d'une sortie expéditive. Depuis, le Portugal n'avait plus perdu. La Grèce, boudée depuis le début par tout ce qui porte le chapeau d'expert, a surpris. N'a fait que ça, en fait, surprendre. Surprise en préliminaire, surprise en quart de finale, surprise en demi-finale et, hier, la grande surprise finale. Une tête de Angelos Charisteas, à la 57$^e$ minute, et voici les Grecs de retour au sommet du monde après deux millénaires et demi de patience. Hommage au peuple grec. Aux inventeurs de la société moderne, aux inventeurs de la démocratie, aux premiers qui ont considéré que le peuple avait des idées qu'on devait écouter. Les inventeurs de la justice sociale. Les inventeurs du théâtre. Honneur à ceux qui ont fourni à la langue française quelques-uns de ses plus beaux mots. Honneur au peuple grec qui a inventé le sport de compétition. Qui a été le premier, avec ses philosophes, à découvrir qu'il y avait autre chose dans la vie que la guerre et la mort. Que le bonheur était un concept de vie.

C'était une journée toute bleue et blanche hier. Même si, à cause de mon enfance à la sauce portugaise, j'étais de tout cœur avec le pays hôte. Il m'a fallu faire amende honorable et souligner le succès grec à ma propre table avec ma femme et mes fils. Qu'est-ce qu'on a bouffé hier, pour rendre hommage à la Grèce ? Et oui, huit *steamés all dressed* et deux frites de la Belle Province.

Vive la Grèce. On se revoit à Athènes au mois d'août.


## Tour de France

DIFFUSION : 30 JUIN 2004

Le Tour de France a 101 ans. Contrairement aux Jeux olympiques ou à la Coupe du Monde de soccer, qui reviennent à tous les quatre ans, le Tour revient à tous les étés pour couronner son roi. Rajouter un autre chapitre à sa grande histoire. Depuis cinq ans, l'Américain Lance Armstrong en a fait sa course. Armstrong a gagné le Tour en 1999, 2000, 2001, 2002, 2003. Selon les érudits du dérailleur, il devrait l'emporter cette année sans trop de problèmes. Le Tour de France, c'est une course en 20 étapes. Entre son début et sa fin, il y a 3350 kilomètres. Elle est disputée par 198 coureurs, divisés en 22 équipes. Toutes les équipes sont européennes, sauf une, la US Postal, l'équipe de Lance Armstrong. Avant, la course intéressait les médias italiens, allemands et français surtout. Depuis les succès de Lance Armstrong, elle retient maintenant l'attention des grands médias sportifs états-uniens. Une part du crédit revient aussi au prédécesseur de Armstrong, Greg Lemond qui a gagné en 1986, 1989 et 1990.

Même si le Tour est le théâtre d'innombrables cas et hypothèses de dopage souvent confirmées, plus souvent ignorées par ses organisateurs, il demeure que le gagnant de cette épreuve humaine est un athlète aux dimensions sur le bord d'être irréelles.

Contrairement à la grande majorité des sports, la notion d'habileté est presque exclue du cyclisme. Nous pédalons tous, ou avons tous un jour pédalé. La première fois autour de six ans. Certains d'entre nous pédalent encore à 80. Le mouvement de base consiste à s'asseoir sur une selle en appuyant sur des pédales, qui font rouler la chaîne, qui font rouler les roues. Dès l'instant où l'homme est capable de rester en selle tout en pédalant, le tour est joué. Il n'y a pas trois façons de le faire, il y en a une seule. La terre a pédalé. La simplicité s'arrête là.

Le reste est plus compliqué. Je ne peux pas entrer dans les détails de technique et de stratégie de course parce que je n'y entends rien. C'est comme le jazz pour moi. Je comprends pas comment ça marche, mais j'aime entendre. Je sais que l'athlète qui gagne le Tour de France est celui qui aura le mieux organisé et sublimé sa douleur. Pas loin d'où j'habite il y a quelques côtes. Une fois sur trois, je suis obligé de descendre de mon vélo et de la monter à pieds, ce qui est une bonne indication de ma résistance à la douleur et de mes chances de gagner le Tour de France. Même si je sais très bien pédaler. Le champion du Tour grimpera à pleine vitesse les Alpes. Il se reposera et attaquera les Pyrénées. J'y pense et j'ai une crampe au cerveau.

## Le printemps est arrivé
DIFFUSION : 11 AVRIL 2002

Laissez faire l'hirondelle. Elle voltige inutilement au-dessus de nos champs. C'est pas vrai son histoire. Ce n'est pas elle qui fait le printemps. Oubliez aussi l'ouverture de la saison de balle. Rappelez-vous le premier match de baseball de la saison : de la neige partout. Oubliez les séries de la Coupe Stanley. Les séries n'annoncent pas l'arrivée du printemps, mais le prolongement de l'hiver. Aux dernières nouvelles, c'est encore sur la *glace* que ça se joue, non ? La véritable annonce du renouveau, c'est quand les terrains de golf ouvrent. Si vous allez à la page 87 du *Journal de Montréal*, vous avez la liste des terrains ouverts. Le signal de l'arrivée du temps radieux, c'est le golf. Même s'il y a des tournois de la PGA depuis janvier, en Floride, en Californie, en Arizona et ailleurs au sud, la vraie ouverture de la saison, c'est le Masters.

Tous les golfeurs un peu mordus savent que le Club Augusta National, c'est l'éden. Le ciel en haut est peut-être aussi beau, mais pas plus. Regardez la première page du supplément sportif de *La Presse*. Tiger Woods s'élance devant des bouquets d'azalées et de toutes sortes d'autres fleurs pour lesquels on a nommé les 18 trous renouvelés de l'Augusta National. J'ai le goût de pleurer.

Vous avez des problèmes de couleurs avec votre télévision. Vous avez besoin de les ajuster. Appelez votre expert maison pendant le Masters, la vraie couleur des couleurs, elle est sur ce terrain-là. Un kilomètre et demi par un kilomètre et demi. Ses verts, ses mauves, ses lilas, ses rouges et ses roses sont les authentiques. Le parcours est mieux peigné que Pierce Brosnan dans un gala. Le dessin plus précis que s'il avait été dessiné à la plume. Les oiseaux qui viennent décorer son ciel ont besoin d'une petite passe attachée à une patte pour le survoler. Doivent passer des auditions avant d'y présenter leurs tours de chant. En harmonie avec le trio à corde du *jingle* de la télévision.

Derrière ce paradis pour les sens, se cache l'enfer pour les golfeurs. C'est dans ce décor de rêve que la crème de la crème des golfeurs met ses plus beaux habits et lance officiellement la saison de golf.

Comme si le décor n'était pas suffisant pour créer la magie, il se trouve qu'année après année il y a toujours un drame qui se raconte au Masters. Un drame dont la fin est imprévisible. Toutes les hypothèses sont mises sur la table avant le premier coup de départ, et le sort chavire toujours les scénarios.

J'ai ici juste quelques cassettes de compétitions enregistrées au fil du temps. Parmi les plus belles, il y a la première victoire de Tiger au Masters. La plus grande victoire de l'histoire du golf, sinon de toute l'histoire du sport, ne serait-ce que par le nombre de records tombés pendant ces quatre jours du printemps 1997.

Quand Sam Snead (90 ans le mois prochain) va frapper sa balle, ce sera officiel : le printemps.

*Tea Olive. Flowering Peach. Pampas. Magnolia.*
*Juniper. Yellow Jasmine. Carolina Cherry. Camellia.*
*White Dogwood. Golden Bell. Azalea. Fire Thorn.*
*Red Bud. Nandina. Holly.*

Les allées de l'Augusta National, ces monstres déguisés en fées, attendent le Tigre, ses poursuivants et le printemps.

Ça commence aujourd'hui.

# Histoires de golf
DIFFUSION : 28 JUIN 2001

La première fois que mon père a scié un fer 4 à ma dimension, j'avais huit ans. Un vieux bâton qui avait appartenu à mon vénérable oncle Charlie. J'avais *designé* un parcours de trois trous dans ma cour de Saint-Martin, Laval. C'est là que je me destinais à devenir Arnold Palmer. Jusqu'au jour où mon parcours a été fermé parce que la directrice générale (ma mère) du Clubhouse (son bungalow) considérait que le ratio vitres cassées/semaine, faisait que le club n'était plus rentable. C'est donc en très bas âge que j'ai entrepris ma carrière de golfeur. J'ai déjà pensé écrire un livre sur le sujet. *L'important, c'est de finir dans le trou,* de Tiger Tétreault. Je vous offre, en exclusivité, deux fleurs de mon jardin sur le golf.

*1987, Myrtle Beach, Caroline du Sud.* Je suis au paradis du golfeur avec Crête, mon meilleur chum. Je sais que je m'expose à toutes sortes d'hypothèses peu flatteuses, mais je ne fuirai pas la vérité : j'avais perdu un soulier de golf. Où? Comment? Dans quelles circonstances? Combien de bières? Autant de questions qui demeurent sans réponses. Celui qui me restait était le plus important des deux : le droit. Nous sommes au départ du premier trou sur un des mille terrains du coin. Deux Américains jouent avec nous. Géants californiens, riches, footballeurs universitaires, blonds, Porsche décapotable. Les deux blonds me baptisent « *Frenchy One Shoe* ». Un ruisseau traverse l'allée à 245 verges. Les deux blonds ont tenté de frapper par-dessus, mais envoyé leurs balles dans l'eau. C'est mon tour. Le plus blond des deux me suggère de frapper un bois numéro 3.

« *I know, that's what I have.* »

En passant par-dessus le ruisseau, je crois avoir entendu ma balle rire.

« *If you find a left shoe in the ruisseau, I buy it from you.* »

Un à zéro pour One Shoe.

*1997, Club de golf Rosemère.* Trou numéro 7, par 4, 390 verges, crochet à gauche. J'ai frappé un excellent coup de départ. Il reste 160 verges pour le vert, léger vent dans le dos. René Noël, directeur du Club, est un de mes partenaires de jeu. Très bon golfeur, il est déjà au vert. Il me fait signe de loin que je peux frapper. J'ai un fer 7. La balle vole et tombe directement dans le trou. Aigle. Mon premier à vie sur une normale quatre. René Noël rit.

Un an plus tard, René Noël est devenu directeur général du Club de Golf le Mirage, à Terrebonne. Le club de René Angélil. Je suis avec Pierre Rodrigue, mon agent, et Ruben Fogel, un producteur de spectacles. Trou numéro 8, 172 verges, par 3. Petit vent de dos. Je frappe. Mon premier et unique trou d'un coup. Une voiturette passait au même moment derrière le trou. C'était René Noël. Il est devenu mon porte-bonheur. J'ai pensé le couler dans le bronze et le traîner dans mon sac, mais René Angélil n'a pas voulu le libérer.

Aussi dans *L'important, c'est de finir dans le trou* :

— Comment je me suis cassé une cheville en jouant au golf avec Alain Choquette ;

— Comment Patrick Huard a drivé sur la gueule d'un technicien de TVA ;

— Comment j'ai déjà baisé dans une trappe de sable.

Bientôt chez votre libraire.


## Noël du golfeur

DIFFUSION : 16 DÉCEMBRE 2002

Ma main dans le feu que vous êtes nombreux à ne pas avoir complété votre magasinage des Fêtes. Non pas par insouciance ou paresse, jamais. Par manque d'idées. Le malheur, c'est que plus on retarde, plus il est inutile d'avoir une bonne idée. Les bonnes idées sont toujours les premières à disparaître des rayons. Souvent, ce qui n'aide pas la situation de pénurie d'idées, c'est que la personne à qui est destiné l'éventuel cadeau est impossible à satisfaire. Un estie de plate qui veut rien. Qui ne réagit pas ou qui réagit *phony*. Ceux qui ne veulent rien sont toujours les premiers à faire la baboune quand on leur donne ce qu'ils veulent. Je le sais, je me connais. Les hommes sont les pires. C'est en leur nom que j'adresse ces quelques notes à l'autre catégorie concernée : les femmes.

Un joueur de golf a besoin de balles et de bâtons. Point. Un joueur de golf n'a besoin de rien d'autre. Il n'y a rien qui concerne le golf que vous pouvez acheter. Les achats de golf, on s'en occupe. Oubliez ça. Regardez ailleurs.

Les machins pour compter les coups. Les calottes pour protéger les bois qui cachent des cannes de bière. Le trou électronique pour le bureau. Le putter télescopique. Le livre de jokes de golf. La robe de chambre *Tiger Woods*. Le petit parapluie qui se transforme en petit banc. La casquette avec des petits trous pour mettre des *tees* et des crayons. Un calculateur de distance et de handicap. Le cossin pour réparer les marques de balle Donald Duck. La petite barouette qui avance toute seule.

Non.

Un joueur de golf a besoin de balles et de bâtons. Comme il a déjà des bâtons, un joueur de golf a besoin de balles. Comme il aime bien choisir ses balles lui-même, la solution semble impossible. Erreur. Si vous avez un conjoint golfeur, donnez-lui un livret. Pas un livret qui lui donne 4 $ de rabais sur un départ au club de golf de Saint-Édredon-du-Lac-en-Haut-de-l'Épaule, 80 kilomètres au nord de Maniwaki. Un livret de coupons, faits maison.

Sur chacun des coupons, écrivez : « *Mon amour, ces deux heures supplémentaires avec tes chums* après ta partie *sont une gracieuseté de moi. Joyeux Noël et amuse-toi.* » Vous signez.

Un livret de 5, 10, ou 25 coupons sera apprécié.

## Frisbee

DIFFUSION : 28 AOÛT 2002

Tout le monde a couru au moins une fois dans sa vie. Pas nécessairement une longue distance, mais tout le monde l'a fait. Certains le font jusqu'à la fin de leur vie. Exercice commun et naturel de l'homme, la course à pied. Qu'elle soit de vitesse ou d'endurance, c'est le sport à son état le plus pur. Avec le temps, pour rendre la course plus attrayante, l'homme a inventé des objets pour l'accompagner. La course *plus* un ballon donne le soccer, le basketball ou le football. Un jour, quelqu'un a inventé le patin. Au début, seulement les téméraires se risquaient à essayer cette étrange chose.

Le gars qui est arrivé à sa femme en lui disant : « *Mon amour, j'ai eu une idée. Je vais visser des grosses lames de métal à des bottines pour pouvoir, en courant dessus, découper la glace et glisser dessus. Ça va me permettre d'aller beaucoup plus vite.* »

Sa femme lui a dit : « *Ben oui, c'est ça, c'est ça. Visse une lame après tes bottines. As-tu pris tes médicaments ?* »

Son affaire a marché. Si dans l'hémisphère Nord, une grande proportion des gens a un jour chaussé les patins, ce n'est pas tout le monde qui l'a fait.

La semaine dernière, comme on était envahi par le Molson Indy, je n'ai pas pris le temps de parler de monsieur Ed Headrick, un personnage capital dans l'histoire moderne du sport. Monsieur Headrick est mort le 12 août dernier. Il avait 78 ans. C'est lui qui a perfectionné et obtenu le brevet d'invention d'un objet sportif que tout le monde du nord au sud et de l'est à l'ouest a un jour lancé. Au moins une fois.

Après avoir zigonné plusieurs années pour perfectionner l'idée d'un autre fou savant, Norville Barnes, qui avait inventé le *Hulla Hoop*, si populaire dans les années 1950, Ed Headrick a inventé le *Frisbee*.

En une année, il se vend plus de *Frisbees* en Amérique que de balles de baseball, de ballons de football, de basket-ball et de rondelles. Ça mérite une mention. Monsieur Headrick a non seulement inventé le *Frisbee*, il a mis sur pied les compétitions de *Frisbee* style libre, de *Frisbee* de chien, de golf *Frisbee* et surtout le *Ultimate Frisbee*. Le *Ultimate Frisbee*, un genre de football qui se joue avec le *Frisbee* et dont le premier match officiel a eu lieu en 1972, entre l'université Rutgers et Princeton. Les deux mêmes universités qui 103 ans plus tôt avaient joué le premier match de football.

Ce qui rajoute de l'intérêt à la disparition de cet inventif personnage, ce sont ses dernières volontés. Monsieur Headrick a tenu à être incinéré. Il a exigé que ses cendres soient mélangées dans du plastique qui servira à mouler une édition limitée de *Frisbees* qui seront vendus sur Internet pour mettre sur pied le Musée national du *Frisbee*. Sur son lit de mort, monsieur Headrick a dit à son fils Daniel : « *Je veux finir dans un Frisbee qui va atterrir accidentellement sur un toit de maison.* »

Regardez sur votre toit. Il y en a peut-être une couple de 100 000 qui traîne dessus.

## La partie des Packers

(PAR RICK REILY)

DIFFUSION : 16 SEPTEMBRE 2002

*Voici une histoire, traduite et adaptée d'un vieux* Sports Illustrated.

Hier, c'était un autre dimanche NFL, la messe des Américains.

Tout ce qu'Yvon voulait dans la vie, une fois, juste une fois, c'était de passer à travers un dimanche à la job, sans que personne ne lui donne le pointage de la partie des Packers, avant qu'il n'arrive chez lui.

Quelle sorte de patron ça prend pour ouvrir la *shop* le dimanche ?

Qui, *sur la terre*, a besoin de renseignements sur le fonctionnement d'une photocopieuse, un dimanche après-midi ?

Tout ce qu'Yvon voulait, c'était regarder la partie des Packers qu'il avait enregistrée l'après-midi, comme si elle était en direct.

Poinçonner après le travail. Sauter dans l'auto. S'installer dans son La-Z-Boy. Mettre trois froides dans la glacière. Calculer exactement le bon moment pour appeler la pizza, faut qu'elle arrive pendant la demie.

Mais d'abord, personne pour lui dire le score final.

À chaque semaine, quelqu'un ruinait tout. Quelque chose survenait et on lui donnait le punch avant qu'il n'ait vu le film. Quand ce n'était pas son subtil beau-frère au téléphone.

« *Wow, tu vas les aimer, tes Packers, aujourd'hui, Yvon !* »

...c'était en reculant la cassette pour se préparer au visionnage.

Merde! Il a vu le score passer au bas de l'écran sur CNN.
Aujourd'hui, il s'est dit: je ne regarde plus rien, ni personne.
Je n'écoute plus rien. Je ne prends plus de chance.
Chaque dimanche, il ne répondait qu'à trois ou quatre appels,
maximum, mais s'assurait en répondant que la personne n'allait pas
lui livrer le secret de la partie.

*« Entretien de photocopieuses XYZ. Parlez-moi-pas-de-la-partie-
des-Packers-Yvon-au-téléphone-qu'est-ce-que-je-peux-faire-pour-
vous? »*

En revenant de travailler, un dimanche, alors qu'il se tapait la
radio de musique classique pour être sûr de ne rien entendre...

*« C'était donc le sixième mouvement de la suite en sol majeur de
Brahms, pendant que les Packers ont battu les Bears 23-17. »*

De semaine en semaine, il devenait de plus en plus bizarre dans
son comportement. Il avertissait tout le monde au bureau.
Il avait un signe écrit en rouge:

*« Dites-moi pas le score. »*

Un dimanche, au bout de 12 semaines d'essais infructueux, ça
sentait bon. Il n'avait rien entendu. Son chum appelle.

*« Yvon? C'est Robert.*

*— Dis moi pas le score, Robert!*

*— Mais Yvon, c'est parce que, après-midi, les Packers... »*

Yvon a raccroché juste à temps. Pas de courriel, pas d'Internet,
pas de surfing. Il a passé le dimanche avec ses écouteurs sur les
oreilles avec des CD de Patrick Norman, de Céline et des Grandes
Gueules. Le volume dans le fond. La journée est finie, il est sept
heures. Saute dans l'auto, laisse la radio fermée, roule pleine vitesse
vers chez lui. Puis il se souvient: au coin de Principale et Première
Avenue, à 200 pieds de chez lui, il y a un tableau indicateur de la
banque, qui donne l'heure, le degré et les scores de la NFL. Voulant
tourner à la dernière minute, Yvon a fait deux tonneaux et frappé
un poteau de téléphone. Son auto s'est arrêtée dans un stationnement, juste derrière chez lui. De peine et de misère, il est sorti de
sa voiture et s'est effondré.

« *Quel dimanche plate,* a dit l'ambulancier à Yvon, dans sa civière, la jambe cassée.

— *En plus, les Packers ne jouaient même pas, c'était leur semaine de congé.* »

## Espoir pour le Super Bowl XXXVIII
DIFFUSION : 15 JANVIER 2004

Dimanche après-midi, la messe commencera dans les salons à 15 heures. Si j'étais un poulet, j'aurais peur à mes ailes. Il va se bouffer de l'aile de poulet, de la pizza et du cheeseburger. Il va se boire de la Bud par gallons. Même que l'histoire nous dit qu'il sera imprudent pour madame de passer devant la télévision pendant le match. Plus les matches de football sont importants, plus la pression est haute et forte, plus les situations de violence conjugale se multiplient dans les foyers américains. Le stress est à son comble.

Voyons donc qui affrontera qui. En finale de conférence, il y a les Colts d'Indianapolis contre les Patriots de la Nouvelle-Angleterre. Ça me fait toujours drôle de parler des Colts d'*Indianapolis.* Pour moi et pour les gens de Baltimore, quand je vois le casque blanc avec le fer à cheval, je pense aux Colts de *Baltimore.* À Johnny Unitas, en particulier. Le plus grand quart-arrière de l'histoire de la NFL. La place d'Unitas est maintenant celle de Peyton Manning, dans la ligue depuis 1998. Fils de l'immortel Archie Manning, Peyton a fait écarquiller les yeux de tous les spécialistes depuis ses jours à l'Université du Tennessee, là où il trouait à sa guise les défensives adverses. Solide au cours des trois dernières années, il est le joueur par excellence de la ligue. Premier dans les verges gagnées par la passe. Premier pour le nombre de passes complétées. Premier dans le pourcentage de passes captées. Manning a une chose à prouver : qu'il est capable de gagner les matches d'après saison. Cette année, il l'a fait. Il a battu Denver 41-10 en match *wild card.* Il a battu les Chiefs de Kansas City 38-31, la semaine dernière. Dans ces deux matches, il a complété huit passes de touché. Il lui reste les Patriots de la Nouvelle Angleterre, et le Super Bowl XXXVIII.

Chez les Patriots, le général s'appelle Tom Brady. Rappelez-vous de Brady. Il y a deux ans, il avait dû remplacer la vedette de son équipe, Drew Bledsoe en début de saison. Il avait ensuite mené les Patriots à la victoire au Super Bowl face aux Rams de Saint Louis, pourtant les grands favoris. Cette semaine, Bill Belichik, l'entraîneur des Patriots, n'a qu'une chose à faire : enlever du temps et de l'espace à Manning. Si une défensive est capable, c'est celle des Patriots. À mon avis : c'est peine perdue.

Après le souper, l'autre demi-finale entre deux clubs surprise : Eagles et Panthers. Les Eagles de Philadelphie ont battu les Packers et Brett Favre. Les Panthers de la Caroline ont sorti les gros Rams de Saint Louis, Marshall Faulk et Marc Bulger.

Si le bon Dieu s'en mêle, les Eagles de Philadelphie vont battre les Panthers. Donovan McNabb a été la cible de propos racistes au début de la saison, gracieuseté de Rush Limbaugh. Le gros Rush disait que McNabb devait sa notoriété à la couleur de sa peau.

« *C'est un quart ordinaire, mais comme il est noir, on en a fait une vedette.* »

Limbaugh a été congédié d'ESPN. Il est aux prises avec des problèmes de drogues illégales et McNabb est à une victoire du Super Bowl.

Dans mon rêve, le Super Bowl XXXVIII, c'est Peyton Manning et les Colts contre Donovan McNabb et les Eagles.

## Un pied et un mamelon, Super Bowl XXXVIII
DIFFUSION : 2 FÉVRIER 2004

Impossible de savoir le nombre de journalistes qui ont couru les partys, les points de presse, les cocktails, les *scrums*, les soirées de gala, les présentations des commanditaires et tout le cirque qui a nourri les médias pendant deux semaines à Houston, avant le Super Bowl XXXVIII. Ils ont dû rivaliser d'imagination et de créativité pour essayer de mettre un peu d'intérêt à un match qui allait être assez plate. Patriots contre Panthers. Les rois de la défensive contre les *kings* des *nobody*. Il y a deux ans, les Panthers avaient terminé la saison avec un dossier de 1 victoire et 15 défaites.

Bon, il y avait Tom Brady, un naturel. Un héros à l'américaine. Beau bonhomme sorti de nulle part il y a deux ans, qui pour la deuxième fois de sa jeune carrière a mené les siens à la conquête du plus prestigieux honneur du sport en Amérique. Ceux qui ont tout lu et tout entendu de ce qu'on a dit de Tom Brady depuis deux semaines en savent plus sur lui que sa propre mère. Fallait beurrer épais avant, parce que le match n'annonçait rien de bien excitant. Qui n'aurait pas souhaité Brett Favre face à Peyton Manning? Les vieux Colts contre les vieux Packers?

Les experts ont eu raison. Pendant trois des quatre quarts, ce que tout le monde craignait s'avérait. Un match ordinaire. Pendant les trois premières heures du Super Bowl XXXVIII, de 18 à 21 heures, le fait saillant avait été le magnifique sein droit étoilé de Janet. Le très efficace Justin Timberlake avait réussi à déjouer la défensive de madame Jackson et d'un geste subtil et bien calculé a dévoilé un des mamelons les plus célèbres de toute la colonie des mamelons hollywoodiens. N'eût été d'un quatrième quart sorti des meilleurs romans sportifs, c'est sur ce petit morceau de chair dévoilé, d'un diamètre de trois centimètres, que reposait le succès de l'après-midi.

Mais il y a eu le quatrième quart. Il y a eu ce touché de 85 verges, résultat d'une passe de Jake DelHomme à Muhsin Muhammad. Jake DelHomme qui a dû s'asseoir pendant deux semaines sur le banc d'en arrière, laissant toute la place à Brady. Un jeu qui est maintenant inscrit comme le plus long dans l'histoire du Super Bowl. Il y a aussi eu Tom Brady. Le joueur du match a donné raison aux analystes et à sa maman. C'est le meilleur. C'est un général dans la même lignée que Johnny Unitas et Joe Montana, Roger Staubach et Terry Bradshaw. Il a mené ses Patriots à deux touchés. Il y a eu un match de football qui dans le dernier quart s'est promené de gauche à droite, du devant à l'arrière, qui a entraîné les dizaines de millions de téléspectateurs d'une émotion à une autre, au bout de leur siège. Il y a eu le quatrième quart qui a transformé les tout petits Panthers en terribles prédateurs. Qui a transformé un match de football ordinaire en une fête incroyable. En dénouement, il y a eu le pied d'Adam Vinatieri qui, avec quatre secondes à égrainer au chronomètre et 41 verges à franchir dans l'air du Texas, a donné aux siens un deuxième Super Bowl en trois ans. Le pied d'Adam a clenché le mamelon de Janet.

## Bikinis

DIFFUSION : 16 FÉVRIER 2004

Le Super Bowl XXXVIII, gagné dans les dernières secondes du match par les Patriots de la Nouvelle-Angleterre, est passé à l'histoire. Selon un expert sur deux, c'est le plus grand match final jamais présenté. Éclipsant les XXXVII précédents. Du gros football. C'est quand même ironique. Le plus grand match de football de tous les temps a été éclipsé, dans les manchettes, par un mamelon. Le mamelon le plus célèbre de mémoire d'amateur de mamelons. Un mamelon qui a jeté l'Amérique dans la tourmente. Une tétine qui a jeté une douche froide sur la conscience des bienpensants. Un mamelon qui a été un sujet de conversation autour de toutes les tables. Dans les soupes populaires et dans les restaurants d'avocats. Un mamelon qui est arrivé en violant le territoire sacré du sport. Un crime contre la religion du sport. Un toton au Super Bowl. Comment peut-on aller si loin ? Janet Jackson et Justin Timberlake ont été excommuniés.

Une semaine après avoir répudié Janet et Justin et levé les boucliers de la morale à cause d'un mamelon étoilé et surtout déplacé, ne voilà-t-il pas que la bible de la religion puritaine du sport, le *Sports Illustrated*, publie son numéro 40e anniversaire «Spécial Costume de bain». Le *Sports Illustrated* est la propriété de TimeWarner, un titan international des communications. Il y a 200 photos de jeunes filles entre 18 et 28 ans. Des pages et des pages de superbes photos, captées dans les endroits les plus beaux de la grande Amérique et mettant en vedette des *bodys*. Des filles dans des costumes de bain qui font baver même les cinq présidents des États-Unis sculptés sur les flancs du mont Rushmore. Elles sont étendues sur toutes les plages, dans le sable, et elles nous sourient. Elles nous font des moues dans des positions intrigantes. Mais, et c'est le détail important, aucun mamelon. On devine qu'il y en a, cachés quelque part, mais elles n'en montrent aucun. Zéro mamelon. Je le sais, j'ai regardé à la loupe.

Comment le monde du sport peut-il, dans la même semaine, virer mer et monde parce qu'on a vu un mamelon au Super Bowl XXXVIII, et publier CCXL pages de filles en costumes de bain? Une page de publicité : 240 000 $ US. Bénéfices : 40 millions de dollars US pour *un* numéro. On répudie le toton de Janet. Mais on déshabille Kournikova et on expose Serena.

Le monde du sport est un gros gourmand qui pige ses dollars dans le monde du sexe, en même temps que dans le monde du sport. Des fois, comme la semaine dernière, sa gourmandise trahit son hypocrisie. Coudonc : le sport professionnel est-il pour ou contre le toton? La revue costume de bain est superbe. Mais si on gratte comme il faut, elle pue un peu.

## Trois-Rivières
DIFFUSION : 4 FÉVRIER 2004

Depuis que les Nordiques sont devenus l'Avalanche, le Canadien n'a plus d'ennemi juré. Qu'est-ce que la vie sans ennemi juré?

Il y a toujours les Bruins de Boston ou les Leafs de Toronto, mais on est loin de l'effervescence créée par les bleus contre les rouges, qui durait 365 jours et un quart par année.

Je me suis toujours demandé, sans avoir de réponse, où se branchait Trois-Rivières dans cette guerre de mots, de clochers et de gestes. Plantée au milieu des deux pôles, Trois-Rivières n'a jamais été, de mémoire d'homme, branchée de façon définitive sur une des deux équipes.

Il y a de nombreuses petites villes en Amérique où le sport, sous toutes ses formes, fourmille. Au Québec, il n'y a pas ville plus sportive que Trois-Rivières. Sans jamais aligner d'équipe dans le sport majeur, Trois-Rivières a marqué le monde québécois du sport par ses individus, par ses équipes, par les nombreux championnats de toutes sortes qui s'y sont tenus. Le vieux stade de baseball de Trois-Rivières est une merveille, un bijou, un monument. Il avait été érigé par la volonté d'un maniaque de balle, un illuminé qui possédait ses billets de saison au Yankees Stadium du temps de Dimaggio et de Babe Ruth, l'honorable Maurice Duplessis, le plus célèbre des premiers ministres québécois. Le vieux stade de Trois-Rivières a été le tout premier à saluer les exploits de Ken Griffey Jr. Bon, vrai que ses « exploits » étaient réalisés dans les estrades, plus que sur le terrain. Le petit Ken, quatre ans, s'amusait à taper les chevilles des spectateurs avec un gros bâton de plastique, pendant que papa Ken senior jouait avec les Aigles, le club ferme des Reds de Cincinnati. Fernand Bédard avait mandat de le tenir tranquille.

C'est à Trois-Rivières que Michel Bergeron, le petit tigre, a dirigé ses premières équipes dans le hockey sérieux. Il était à la barre des Draveurs, arrivant de Montréal avec sa gomme, son air baveux et sa détermination. Il avait été accueilli avec des tomates plutôt qu'avec des fleurs. Mais quelques mois plus tard, il était le roi de la place. En 1988, alors à la barre des Rangers de New York, Michel Bergeron avait amené les *blue shirts* y installer une partie de leur camp d'entraînement. Question de tirer la langue à l'ouest vers les Canadiens, et à l'est vers les Nordiques. Yannick Perreault a joué à Trois-Rivières, dans les dernières années des Draveurs. Les deux Jacques Villeneuve, oncle et fiston, Gilles Villeneuve, Carpentier, Tagliani, Bourbonnais ont participé un jour ou l'autre au Grand Prix de Trois-Rivières, la seule compétition majeure sur circuit de ville dans l'histoire de la course automobile au Québec. Au hockey, les Patriotes de l'UQTR, dirigés par Dany Dubé, ont fait la pluie et le beau temps sur la glace d'un bout à l'autre du Canada. Au football, les Diablos de Trois-Rivières ont aligné Pierre Vercheval et Mathieu Bertrand. Debbie Savoie, celle qui a enseigné le golf à Céline, a frappé ses premières balles à Trois-Rivières. Régis Lévesque y a *promoté* ses premiers combats. Gerry Rochon y a rempli sa mémoire. Un jour ou l'autre, on y a applaudi Raymond Bourque, Dan Driessen, Jean-Guy Talbot, Moose Dupont et monsieur Laferté. Oui, oui : monsieur Laferté. Celui qui a salué le roi Haakon de Norvège après avoir piqué une mémorable plonge sur ses vieux skis de bois, quelques semaines avant les Jeux d'Oslo en 1952. Il a perdu l'équilibre, mais pas la face.

## Dans le journal d'un préado
DIFFUSION : 14 JUIN 2001

Il a 12 ans. Il porte un stigmate bien malgré lui. Il est le fils du coach.

« Il est trois heures trente, je suis à l'école et je suis malheureux. Pourtant il fait beau, il fait chaud, l'école achève, j'ai eu une bonne année, mais je suis malheureux. Quand je vais arriver chez nous vers tantôt, il va falloir que je me jette dans les devoirs vite. Va falloir aussi que je mange de bonne heure, même si je sais que je n'aurai pas faim. J'ai jamais faim quand je m'en vais jouer au baseball. Je suis pas bon et j'aime pas ça. Dire que je pourrais appeler Nick et aller faire une cabane dans le bois en arrière de chez nous. Mais je vais être encore pogné pour être malheureux. Je suis pourri. Trois fois cette année, j'ai fait perdre mon équipe. Je trouve ça plate, le baseball. Je suis pas bon et je trouve ça plate. Une fois, je l'ai presque dit à ma mère. Ma mère avait compris et elle l'avait dit à mon père. J'avais tout entendu, il s'était choqué.

« *"Il va finir par aimer ça.*

*— C'est pour son bien.*

*— T'aimes mieux qu'y passe l'été dans sa chambre à jouer au Nintendo ?"*

« Mon père adore le baseball. Il arrête pas de raconter ses exploits quand il jouait junior. Il veut toujours m'amener voir les juniors. J'ai jamais le goût d'y aller, mais je veux pas partir de chicane, alors j'y vais pareil. Des fois, c'est long. Quand je suis dans ma chambre et que je mets mon costume de baseball avant la *game*, je pleure. Mais ma porte est fermée et mon père ne me voit pas. Tout le long dans l'auto, j'ai un moton dans la gorge. Je sais que je vais arriver au terrain et que mes coéquipiers vont faire une face en me voyant. Ils vont se forcer pour être fins, parce que je suis le fils du coach. C'est lui qui décide. Alors il me fait toujours jouer les meilleures positions. Il me dit de me forcer. Il me le crie, en fait. Et ça ne me tente pas. Un joueur meilleur que moi va jouer sur le banc. Tout le monde sait pourquoi moi, je joue. Ce que personne sait, c'est que ça me tente pas. Mon père doit bien se douter de quelque chose. Il dit que je suis paresseux. J'ai peur de la balle quand elle vient vers moi, j'ai peur et je suis presque sûr d'être incapable de l'attraper ou de la frapper. Je sais que tous les spectateurs savent que je suis pas bon. Une des fois que j'avais fait perdre mon équipe, on avait une autre partie le lendemain. J'ai fait semblant d'être malade. Je me suis fait vomir, en faisant exprès pour que ma mère m'entende. Elle a dit à mon père.

« *"Il est malade, il peut pas jouer."*

« Mon père a répondu que lui, il avait déjà joué avec un doigt cassé. Finalement, il m'avait donné la permission de rester chez nous. Quand il a été loin de la maison, j'ai appelé Nick. Il a trouvé environ 25 grosses planches dans un gros bac à vidanges, dans le parc industriel, notre cabane va avoir deux étages. Ça va être *hot*. »

## Jeffrey et Bilal
DIFFUSION : 20 MARS 2003

Jeffrey a 12 ans et il habite dans le nord de la Floride. Son sport favori, c'est le football. Quand il revient de l'école, c'est toujours la même chose. Il prend à peine le temps d'entrer dans la maison, à la course, laisse tout traîner, change ses beaux souliers pour ses vieux *runnings* lacés et attachés d'avance. Change ses pantalons d'école pour ses *Nike* d'exercice. Quand c'est son tour de fournir le ballon, il en ramasse un dans le fond de son placard et flingue la porte en criant.

« *Be back for dinner.* »

Il est au milieu du parc, à deux coins de rue de chez lui, et joue avec une demi-douzaine de ses amis d'école. Jeffrey est le quart-arrière. Il connaît une excellente saison. En trois semaines, il a complété 121 passes de touché. Il les compte. Il jouera encore cet après-midi pendant une heure ou deux et reviendra à la maison pour souper. Peut-être un peu magané, mais heureux. Pendant le souper, le papa de Jeffrey regarde CNN. Les mots que Jeffrey entend sur CNN ressemblent beaucoup à ceux qu'il entend de septembre à janvier sur Fox Sports, pendant la saison de football. Blitz. Attaque terrestre. Aérienne. Bombes. Jeffrey mange son spaghetti en regardant ce qui se passe sur l'écran. Il n'y a rien là de très nouveau pour lui. Des bombes explosent, des autos en feu, des édifices s'écroulent, du monde qui court. Jeffrey en voit à tous les jours depuis des années. Quand ce n'est pas sur son *Xbox*, c'est au cinéma 16 écrans du centre commercial. Et quand ce n'est pas au cinéma, c'est à la télévision. Des explosions, il en a vu et revu et bof. Ça ne l'impressionne pas. Le repas fini, il va dans le sous-sol pour jouer avec son *Xbox*, pas de son, en faisant semblant de faire son devoir de mathématiques.

« *Jeffrey, are you doing your homework?*

— *Yes mom.* »

Et il retourne continuer sa mission virtuelle.

À l'autre bout de la terre, Bilal a 12 ans. Bilal a un ballon de soccer. Son père, infirmier dans l'armée de Saddam, l'a reçu en cadeau. Il n'y a qu'un ballon dans tout le quartier et c'est Bilal qui l'a. Bien sûr, à son ballon se sont greffés plein de nouveaux amis. En revenant de l'école, ses copains et lui kickent le ballon dans sa rue poussiéreuse. En guise de buts, il prend des sacs de sable. Il y en a partout. Une fois de temps en temps, ils stoppent la partie, pour laisser passer une autre série de maudits tanks. Il ne les regarde même plus, il n'y a rien là de très nouveau pour lui. Des tanks et des soldats avec des mitraillettes, Bilal en voit à tous les jours. Quand ce n'est pas dans sa rue, c'est dans la rue voisine. Il en a vu et revu et trouve ça plate.

*« Bilal, as-tu dis merci à Saddam ?*
*— Oui, maman. »*

Et il retourne à son ballon, pour continuer sa partie.

## Des enfants courent

DIFFUSION : 6 SEPTEMBRE 2004

C'est lundi de la fête du travail. C'est la dernière journée de l'été. Pas techniquement, mais dans la vraie vie. C'est le dernier souffle de nos vacances. Pour les amateurs de sport, on est dans un carrefour de bonheur. On aurait besoin de deux têtes. Trois peut-être.

Si vous êtes amateurs de football, vous savez que tout se met en branle dans la NFL ce jeudi, que la Ligue canadienne est dans le cœur de sa saison et que nos Alouettes n'arrêtent pas de plumer les autres. Si vous êtes amateurs de hockey, vous savez qu'on est en pleine Coupe du Monde. Si vous êtes amateurs de baseball, c'est le fameux mois de septembre qui nous dicte, d'année en année, qui va couler et qui va surprendre. Cette année, on est obligé de regarder en Californie, notre gros lanceur de Mascouche est en plein dans la course. Le golf est encore bien vivant, et chose qu'on n'a pas vue depuis trop longtemps, Tiger est dans la bataille dans le dernier droit d'une lutte à deux. Avec qui d'autre que Vijay Singh, selon plusieurs, l'actuel roi du golf. Si c'est le tennis qui vient vous chercher, les meilleures raquettes au monde, celles des filles et celles des gars sont en effervescence. Avec en vedette Serena Williams, Andre Agassi et Andy Roddick. On sort à peine des jeux d'Athènes dont les images sont encore fraîches. La Golden League est en pleine action, même Emily Mondor volait hier dans un stade de Londres avec les meilleures au monde dans le cinq kilomètres. Une quatrième place. Les amants de la nature sont à astiquer leurs outils pour la saison de chasse. Il y a du doré et de la truite dans le fond de nos lacs.

Le sport est une distraction. Le sport existe dans le but que le commun des mortels puisse se sortir de sa routine et s'amuser. Prendre les choses un peu à la légère, mettre sa tête ailleurs, avant de se remettre dans le bain des responsabilités et des obligations du quotidien. Toutes ces choses que le sport, momentanément, efface de notre réalité.

Y a-t-il plus belle image qu'un enfant qui court? Sur un terrain de soccer, sur une plage, dans une ruelle avec un hockey, avec un chien ou un papa qui retrouve son jeune cœur et ses jambes alertes. Y a-t-il plus belle image qu'un enfant qui court?

C'était la dernière fin de semaine de l'été. Et le beau temps était propice à nous attirer dehors. Malgré tout le jus qui sortait du fruit sportif. Malgré le temps radieux. Malgré que tout était en place pour remplir la panse de tous ceux qui aiment le sport, il y avait un malaise en fin de semaine.

En fin de semaine, il n'y avait ni ballon, ni rondelle, ni chien devant les enfants qui couraient à Beslan. Il y avait plutôt des hommes et des femmes qui, au nom d'une vérité douteuse, leur tiraient des balles dans le dos.

## Souffrance et bonheur
DIFFUSION : 13 SEPTEMBRE 2004

J'espère que vous savez que le bonheur passe par le corps. Que le bonheur n'est pas une notion spirituelle ou émotive. Oh je suis en amour, je suis heureux. Oh quel bon livre, je suis en train de lire, je suis heureux. Quel bon film, vive la vie. Que c'est beau le chant du cardinal à poitrine rose. Que c'est bon le goût de la sauce tomate. Ultimement, le bonheur est physique. Plusieurs d'entre nous prenons notre corps pour acquis. Souvent, on le prend même peut-être pour une nuisance. Toujours quelque reproche à lui faire. Il engraisse, il tousse, il a une vergeture de trop, ou une ride en bonus, ou un genou mal en point, ou le dos, ou l'épaule. Faut juste avoir un problème physique pour se rendre compte que le bonheur passe par le corps. Hier, dans les rues de Montréal, 4000 petits univers pleins de bonheur sur deux pattes ont souffert jusqu'à l'orgasmique ligne d'arrivée. Le bonheur fait mal des fois. Personne n'a croisé la ligne d'arrivée sans quelque douleur, personne non plus sans une grande joie. Aucun esprit qui n'ait été fier du corps qui lui sert d'abri, du corps qui lui sert de véhicule. Après avoir été un événement notoire dans les années qui ont suivi les Jeux olympiques de Montréal, le marathon était disparu.

Voici que, depuis deux ans, il a été replacé dans l'horaire sportif québécois. Sur les 4000, il y en avait de tous les coins du Québec et de plein de pays. C'est un Algérien, Noureddine Betchim, qui a signé le meilleur temps. D'autres coureurs, du Kenya, des États-Unis, de Colombie, donnent la valeur professionnelle à l'événement, mais c'est d'abord les « amateurs » qui donnent à l'événement son vrai sens. C'est le docteur Tina Kader, endocrinologue à l'Hôpital juif de Montréal, qui signe un temps d'un peu moins de trois heures. Le docteur Kader est maman de quatre enfants de 5 à 14 ans. « *Je le fais parce que je le recommande à mes patients.* »

Caroline Touzin de *La Presse* rapporte l'aventure de la famille Carignan-Saucier. Papa, maman et les enfants qui se sont relayés, qui ont décidé d'affronter l'épreuve en se passant le relais, leur but était de finir avant lundi matin. Il y avait des duos père et fils et nombre d'amoureux. De toutes les générations. Des gens qui ont décidé de miser sur leur corps pour aimer la vie. Il y avait 4000 merveilleux exemples de bonheur hier. Il faut penser que la course, que l'événement était le résultat, représentait la finale d'un processus d'entraînement qui est long et difficile. On ne peut pas, du jour au lendemain, décider de courir les 42 kilomètres. C'est un 42 kilomètres qui implique sacrifice, souffrance, et surtout bonheur. Bernard Arsenault, l'organisateur, est optimiste quant à l'avenir. Par rapport à l'an dernier, il y a eu 30 % d'augmentation à la participation et rien ne laisse présager que ce nombre diminuera. Le marathon, c'est une course, mais c'est surtout une occasion de se donner un beau bonheur bien travaillé, bien cultivé. Un bonheur qu'on mérite tous. S'agit d'avoir le courage de se le donner.

Vive le corps. Vive la douleur. Vive la vie.

## Le monde

DIFFUSION : 9 AOÛT 2001

Octobre 2000, New York. — Les Yankees remportent la série *mondiale* contre les Mets de New York et les rues de Manhattan sont en liesse. Le nombril de l'Amérique gagne le championnat du monde. Les journaux, les bulletins de nouvelles générales, à la radio et à la télé, en font leur une. Dans les cuisines et les salons de barbier de Long Island, on parle des champions du monde avec ferveur. On s'entendra sur le mot « monde ». Si on prend le « monde » et qu'on ne garde que les peuples et les gens qui savent jouer au baseball, le monde est assez réduit. Même chose quand on parle de la victoire du Canada au dernier championnat du « monde ». Le « monde » est une infime partie du globe. Disons que, parmi tous les gens qui savent mettre des patins, glisser sur une surface plus dure que le ciment sur des lames de cinq millimètres de large, avec dans les mains un bâton pour projeter une rondelle de caoutchouc dans une cage protégée par un extraterrestre, c'est nous les meilleurs.

Si on se pavane avec notre trophée dans une rue de Shanghai ou dans un village de l'ouest de l'Inde, ou à Ouagadougou, en hurlant « *Nous sommes les meilleurs au monde !* », les gens vont se sauver avec leurs enfants dans leurs bras.

Août 2001, Addis-Abeba. — La capitale éthiopienne est en liesse. Hier matin et encore ce matin, les journaux, la télé et les radios ne parlent que de ça. Dans tous les villages du pays, c'est le sujet de conversation. Ça rit, ça pleure, ça saute, ça remercie Allah, Dieu et les autres, dans toutes les communautés. Mesdames Derartu Tulu, Berhane Adere et Gete Wami, trois athlètes du pays, terminent première, deuxième et troisième au 10 000 mètres avant-hier soir, au Championnat du *monde* d'athlétisme. Elles sont les championnes du monde. On s'entendra sur le mot « monde » Si on prend le monde et qu'on ne garde que les femmes dans l'univers connu qui savent comment mettre un pied devant l'autre, ultimement, la planète pourrait participer. Gagner le 10 000 mètres et se coiffer du titre de championne du « monde » prend une tout autre valeur. Dans ce cas, le monde, c'est le monde. Au complet. À « go », les trois milliards de femmes sont parties, et 10 kilomètres plus loin, mesdemoiselles Tulu, Adere et Wami sont arrivées les premières. Un, deux, trois. La machine humaine la plus parfaite est en Éthiopie.

Il y a quelques centaines de milliers d'années, un animal s'est levé sur ses deux pattes arrière pour la première fois et s'est appelé Homme. C'était aussi en Éthiopie.

## Arbitre

DIFFUSION : 25 MARS 2002

Quiconque a fait du sport de compétition a déjà eu ce fantasme : planter l'arbitre. Cet imbécile, souvent rayé, qui par un manque de jugement, de compétence, d'attention a causé ma défaite. On a tous perdu à cause d'un mauvais jugement d'arbitre. Mais sauter dessus, l'insulter, crever ses pneus dans le stationnement de l'aréna n'arrangera rien. Comme disent les Afghans et Mike Bossy : *Two wrongs don't make a right.*

Il y a deux ans, les Jeux de Salt Lake City nous avaient présenté un beau cas. Marie Reine Le Gougne, la juge française. David et Jamie, la fille à la jolie poitrine, avaient été victimes d'un jugement défaillant d'arbitre. David aurait bien aimé, sur le coup, lui forcer la Zamboni dans le fond de la gorge, mais il a résisté à la tentation et roulé avec le coup. On connaît la suite. Il a reçu sa médaille.

On perd beaucoup plus souvent qu'on gagne dans la vie et dans le sport. À la fin de la saison de hockey, en juin, *une* équipe aura gagné. Vingt-neuf auront perdu. Une défaite, qu'elle soit causée par la mauvaise performance d'un joueur ou d'un arbitre, est une occasion d'apprendre. Si on ne profite pas de ces défaites pour pousser un peu, on devrait arrêter de jouer. On est dû pour la dépresse.

Au tennis, la tendance instaurée par John MacEnroe et Jimmy Connors, il y a une vingtaine d'années, veut que la crise de nerfs soit l'arme de prédilection des joueurs frus. Mauvaise affaire.

Au golf, l'arbitre, c'est le joueur lui-même. Anecdote des années 1960. Au US Open, l'Argentin Roberto de Vicenzo a mal additionné son score. Il a compté 69, alors qu'en réalité il avait joué 68. Un coup de mieux. Mais le règlement est clair : une erreur de calcul et tu perds deux coups. De Vicenzo a perdu deux coups, le tournoi et la bourse de 100 000 $. Des témoins jurent avoir vu de Vicenzo dans le stationnement, s'adressant le fer 4 dans le front. Cette petite erreur de calcul a fait qu'il est demeuré dans la mémoire sportive, ce qui ne se serait pas passé s'il avait gagné. Comme Salé et Pelletier, c'est leur défaite qui leur a donné la notoriété et les contrats de pub qui s'ensuivent.

La convention sportive, c'est qu'on accorde à l'arbitre le titre de Dieu. Il sait tout et ne peut pas se tromper. Dieu permet que le quart de la population africaine ait le sida. L'arbitre peut laisser passer une punition.

## Le squelette
DIFFUSION : 20 AOÛT 2003

La majorité des compétitions qu'on présentera à Athènes n'existaient pas en 1896 quand les jeux modernes ont commencé. Les compétitions qui demeurent, c'est : Qui court le plus vite ? Qui saute le plus haut ? Qui lance le loin ? Le squelette du sport, c'est l'athlétisme. Paris accueille les huitièmes Championnats du monde d'athlétisme. J'ai consulté mon livre ce matin, avant de me prononcer officiellement, et dans mon livre c'est écrit comme ceci :

« *J'aime mieux regarder les Championnats du monde d'athlétisme que les Jeux olympiques.* »

Les cérémonies d'ouverture sont plus courtes. On se paye une traite de vrai sport, sans avoir à endurer les artifices. Ses exercices tirés par les cheveux comme la gymnastique rythmique où des jeunes filles lancent des grosses balounes et des guirlandes dans les airs et les rattrapent avec grâce et subtilité. C'est beau, mais. Dans tous les sports, faut avoir la base : vitesse, force, résistance, rapidité, coordination. Depuis l'an 800 avant Jésus-Christ, à l'époque des Grecs, des hommes nus courent, lancent, sautent, et on décore les meilleurs.

Quand on regarde la F1 à la télévision, impossible de réaliser à quel point c'est vite : 350 kilomètres heure. Ou à quel point c'est long, un coup de départ de Tiger Woods. À quel point ça rentre, un service de Phillipoussis ou une rapide d'Éric Gagné. Pas de trois minutes et demie plus intenses dans le sport que le début, le milieu et la fin d'une course de 1500 mètres. Quand on regarde courir les finalistes du 1500, notre tube fait qu'on a l'impression de voir jogger 12 maigrichons.

Il y a trois ans Hicham El Guerrouj, un Marocain de 26 ans, 5 pieds 10 pouces, 127 livres, a couru 1500 mètres en 3 minutes 26 secondes, 100 mètres à toutes les 13,73 secondes. Quinze fois de suite. Sortez et courez 100 mètres le plus vite que vous pourrez. Sur 10, peut-être un, s'il est en grande forme, va faire 14 secondes. Faut répéter 15 fois, sans pause, sur un kilomètre et demi.

Javier Sotomayor de Cuba saute 2,45 mètres ; 2,45 mètres, c'est Martin Petit avec Mitsou sur les épaules. Deux pouces plus bas que votre plafond.

L'Américain Mike Powell bondit sur 8,95 mètres. C'est la largeur de votre cour de bungalow.

Jan Zelezny, de la République Tchèque, lance le javelot sur 98,48 mètres, c'est plus loin que votre fer 9.

Hailé Gebrselassie court 10 kilomètres en moins de temps qu'il n'en faut pour regarder un épisode de *La Petite Vie*. Vingt-six minutes.

Les vrais surhommes n'ont pas de bâton, ni de gant, de ballon, de patins, de volant, de vélo. Ils sont tous nus et ils courent.

# Chapitre II
# **Portraits**

## Cherry

DIFFUSION : 9 FÉVRIER 2004

On en parle pour la dernière fois, je suis tanné. Il a fait la manchette toute la semaine dernière. On a déversé tout ce qu'on avait à déverser de fiel, de vinaigre et d'acide chlorhydrique sur ses beaux habits à 3000 piasses *and a half*. On a réclamé sa grosse tête pas si carrée d'Anglais. On a fait des pressions sur la CBC pour le débarquer. Il a été crucifié par l'humble Réjean Tremblay et par une horde d'autres pharisiens. Mêmes certains humoristes ont joint leurs voix outrées à celles des pontifes du sport. Bâillonnons le gros quétaine. Faisons taire Don Cherry.

Je vous ai dit (plutôt deux fois qu'une) que j'aimais bien Don Cherry. Je le trouve comique. Amusant, pas scandaleux. Que valent ses analyses en matière de hockey ? Je ne le sais pas. Probablement plus que les miennes. Mais je m'en fous. L'important quand je le vois arriver avec ses habits de Harry Rosen, c'est le sourire que j'ai dans la face. Ce n'est pas de l'écume qui me sort du coin des lèvres. J'aurais même aimé inventer le personnage. Un gros Ontarien, habillé comme une caricature, qui parle hockey et qui ne rit jamais. Il dit des conneries, évidemment. Et il a une façon unique. Est-ce qu'il dit plus ou moins de conneries que d'autres à qui on donne un micro ? En tout cas, il en dit des plus comiques. Les Québécois et les Européens sont des chieux qui portent la visière. Vous trouvez pas ça comique ? C'est nul, mais c'est comique. Est-ce que ça vaut la peine de déranger notre brillant Parlement pour ce genre d'affirmation ? D'alerter le commissaire aux langues officielles ? On a noirci du journal à tour de bras parce qu'il a dit que les Québécois et les Européens étaient plus enclins à porter la visière que les autres. Sous-entendu : ils sont chieux, ou quelque chose du genre. On a alerté la Chambre haute, bout de calvaire. On en a parlé aux Communes. Après, on se scandalise que les imbéciles d'Américains aient donné tout cet espace au toton de Janet, lors du dernier Super Bowl.

Don Cherry est un beaucoup plus gros toton que celui de Janet. Moins beau, moins accueillant, moins bien habillé, mais beaucoup plus volumineux. La décision de la CBC : on va censurer Don Cherry. Il y aura délai de sept secondes entre son mot et la diffusion de son mot. Si jamais il s'avise de dire une autre énormité, comme dire que les Québécois ont des fleurs de lys sur leur *jackstrap*, ou une autre injure du genre, on va le *beeper,* le salaud.

Don Cherry est un gros toton, habillé en bouffon et il est comique. Il est dans le champ une fois sur deux dans ses analyses, comme vous et moi. Mais le censurer ? Où est passé notre sens de l'humour. Il parle de hockey. Il ne parle pas de guerre en Irak, d'assassinats aux Gonaïves, de professeurs de primaire en dépression, de sida, de religion ou de politique. Il ne parle pas des grandes questions vitales de pénurie d'eau potable, de terrorisme international, de maladies infantiles, de prostitution juvénile et de violence faite aux femmes. Il parle de hockey. De hockey. De millionnaires qui poussent un *puck.* Prends ton gaz égal, mon Réjean.

# Marcel Aubut

DIFFUSION : 13 JANVIER 2003

Je pense que tout personnage médiatisé a une responsabilité. S'il ne veut pas que je l'assomme continuellement à coups de télécommande chaque fois que sa face apparaît à l'écran, il n'a pas le droit, en aucun moment et sous aucun prétexte, d'être plate. Je lui permets d'être imbécile, d'être cultivé ou hypocrite. Généreux, brillant ou idiot. Visionnaire ou attardé. Mais je ne lui permets jamais d'être plate. S'il est plate, mon pouce le condamne et l'exécute automatiquement. Je ne veux pas prendre le temps de découvrir le reste. Plate ? Zap !

Hier, au hasard d'une promenade en télécommande, athlétiquement écrasé sur mon grand sofa, j'ai revu avec un certain intérêt une des figures dominantes du sport des années 1980 au Québec. Marcel Aubut. Un premier de classe quant à sa flamboyance. Bon dernier dans l'univers des drabes. Il a été pendant une certaine période l'homme le plus populaire et le plus influent du monde du sport au Québec. Maître Marcel Aubut.

On le détestait pour autant de raisons qu'on l'adulait. Rien de tiède avec le gros Marcel. Fêtard, crieur, subtil, brillant, gros de partout. Du ventre et du cerveau. Gros portefeuille, grosses jokes, gros rires, gros char, gros agenda. Le gros Marcel. Les anecdotes concernant Marcel Aubut sont légendaires et multiples. Plusieurs comiques de Québec l'ont imité et caricaturé pendant des années. Tous les experts, les financiers et les sportifs, l'ont critiqué ou applaudi.

Il a longtemps porté le blâme pour la disparition de l'équipe de hockey de Québec. À tort ou à raison. Plutôt à tort.

Marcel Aubut avait des engagements auprès des gens qu'il avait convaincus de l'épauler. Il voyait venir le mur. Avant de s'y aplatir, il a réagi. Le mur sur lequel les Sénateurs se sont écrasés avec leurs 350 millions de dettes. Le mur sur lequel les Sabres se sont plantés. Et les autres qui s'en viennent, la pédale dans le fond. Trop tard pour freiner. Le gros Marcel l'avait vu, le mur. Ainsi est arrivé l'événement le plus aberrant du dernier siècle dans le monde du sport. La mort des Nordiques. Il y a une équipe de hockey professionnel à Nashville, Tennesse. Une à Atlanta, Georgie. Il y en a deux en Floride. Mais aucune à Québec.

C'est insensé et c'est pas la faute de Marcel Aubut. Il a été le plus grand défenseur des petits marchés de l'histoire du sport professionnel. C'est lui qui avait raison.

J'ai revu sa face à Pierre Maisonneuve, hier soir. Et il m'est arrivé quelque chose que je n'aurais jamais cru possible : je me suis ennuyé de Marcel Aubut.

## Deux rendez-vous manqués

DIFFUSION : 7 MARS 2002

Pendant les Olympiques de Salt Lake City, le sport était comme un buffet. Il y en avait beaucoup et pour tous les goûts. Chaque jour arrivait avec son nouveau héros, son nouvel exploit, gavant l'expert, le commentateur et l'amateur partout où l'hiver vit. Dix-sept jours couronnés par un extraordinaire match de hockey, gagné par les bons. Le sport en plein orgasme. Comme c'est souvent sa mauvaise habitude après le sublime frisson, le sport nous a tourné le dos et s'est endormi. Les athlètes sont retournés à leur compétition respective. Loin des yeux, loin du cœur, loin des manchettes. Les amateurs sont retournés à la maigreur de leur pitance athlétique.

Au menu cette semaine : Alexandre Daigle. Stéphane Bureau a fouillé dans le garde-manger du sport, et nous a offert un spécial « rendez-vous manqué ». On en bouffe encore les restants dans les journaux ce matin. Je pige moi-même dans l'assiette. Guy Lafleur a carburé à la passion beaucoup plus qu'à l'argent pendant sa carrière (avait-il le choix ?). Il montre des dents ce matin dans le dossier Daigle.

« *Il a tout pris et n'a rien donné* », dit le démon blond.

Lafleur a peut-être raison, peut-être pas. Autant il était imbattable quand il entrait dans la zone par le flanc droit, les cheveux au vent, autant j'hésiterais à lui confier l'analyse psychologique d'un cas aussi complexe que celui de Daigle. Un jeune homme de 18 ans sur les épaules duquel on a chargé l'avenir d'une concession, les espoirs d'un père adorateur et 12 millions de dollars.

« *Tiens mon jeune. Marche à c't'heure. Cours.* »

Daigle ne s'est pas présenté au rendez-vous. Il s'est choisi lui-même, et il a laissé tomber les autres. Il semble aujourd'hui équilibré et heureux. Semble. Espérons que c'est vrai. Ou que ça le deviendra un jour.

Deuxième rendez-vous manqué : Bryan Fogarty. À 18 ans, quand il voyait son nom dans le journal, celui de Bobby Orr n'était jamais loin dans le même article. Ou Denis Potvin. Ou Brad Park. Fogarty n'a pas gagné le jackpot en partant, comme Daigle, mais il avait autant de pression. Il a fait le chemin inverse de Daigle. Il a continué à vouloir remplir les exigences des uns et des autres et s'est laissé tomber lui-même. On le décrit partout comme un bon gars, gentil, de commerce agréable. Avec un problème de consommation. Principalement d'alcool. Ni Alexandre Daigle ni Bryan Fogarty n'ont rempli les promesses. Mais quelles promesses ? Ni l'un ni l'autre n'ont jamais rien promis à personne. On s'est chargé de promettre à leur place. Nous autres, on promet et toi, tu tiens parole.

Alexandre nous a fait un *finger*. Bryan se l'est fait à lui-même.

# Lafleur

DIFFUSION : 23 SEPTEMBRE 2003

La première fois que j'ai mis un micro en dessous du nez d'une vedette, c'était le pif à Lafleur. Il y a une ou deux générations de Québécois qui entendent parler de Guy-Guy-Guy, comme moi j'entendais parler du Rocket. Une image du passé. Un personnage de conte. Entre 1974 et 1980, Guy Lafleur a été en haut de la montagne.

Pendant ces six saisons, Lafleur était le meilleur joueur de hockey au monde. Il a marqué une moyenne de 55 buts par saison, un sommet de 60 en 1978. Pendant ces six saisons, il était la grosse attraction de la Ligue nationale. Il a fallu Gretzky pour le débarquer du trône.

Arrivé avec le Canadien l'année qui suivait la retraite de Jean Béliveau, Lafleur était étiqueté : Dieu avec deux lames et une garnotte. Lafleur avait emprunté le même train que Béliveau 20 ans plus tôt. L'express Québec-Montréal. Comme le gros Bill, Lafleur avait d'abord conquis Québec. Avec les Remparts, flanqué d'André Savard, Lafleur avait marqué 130 buts en 62 matches à sa dernière saison. À son arrivée à Montréal, on espérait que la lune soit dans ses valises. Ses 29 buts étaient loin de l'objectif du peuple. Il est retourné sous sa coquille deux autres saisons. Plusieurs avaient abandonné. Il en est ressorti triomphant en octobre 1974 et s'est mis en marche, en quatrième vitesse. Il a mené les Canadiens à la conquête de quatre Coupes Stanley de suite. C'est Guy-Guy-Guy qui tenait le flambeau et qui se faisait courir après par tous les taupins sur patins. Lafleur a fait débouler les violents Flyers. Il a planté le drapeau CH. Il est devenu un personnage de téléroman. Avec un passé, avec une histoire. Né à Thurso, non loin de la frontière ontarienne, ti-cul Lafleur passait par un trou dans le mur de l'aréna à six heures le matin pour aller pratiquer sa garnotte. Le gérant de la place s'est pris d'affection pour lui et lui donnait tous les passe-droits. C'est là que le hockey a pris la place dans sa vie. Guy Lafleur était 100 % hockey.

Scotty Bowman disait récemment qu'il ressentait une belle fierté de voir tous ses anciens joueurs vaquer encore dans la ligue au hockey professionnel. Jacques Lemaire, Mario Tremblay, Guy Lapointe, Doug Risebrough, Ken Dryden, Bob Gainey, Doug Jarvis, Guy Carbonneau, Larry Robinson, Réjean Houle ont tous eu, ou ont encore, des postes de direction quelque part. Pourquoi le meilleur de tous se contente-t-il de piloter des hélicoptères et des Harley ? Peut-être parce qu'il n'a jamais pris le temps d'apprendre ce qui garantit souvent la longévité, peu importe le milieu dans lequel on évolue.

Il n'a jamais appris à mentir.

# Jordin Tootoo

DIFFUSION : 3 SEPTEMBRE 2003

Il n'y a pas deux villes plus éloignées l'une de l'autre que Nashville au Tennessee et Rankin Inlet au Nunavut. La capitale mondiale de la musique country au pays du soleil et un petit village inuk, 2000 kilomètres au nord de Winnipeg sur le bord de la baie d'Hudson.

Dans les jours qui viennent, c'est le voyage que va se taper Jordin Tootoo. Tootoo a été le choix de quatrième ronde des Predators de Nashville en 2001. Il a passé sa vie à Rankin Inlet. Jordin Tootoo a toutes les chances de devenir le premier Inuit à se tailler une place dans la Ligue nationale de hockey. Il a 20 ans. Il mesure 5 pieds 9 pouces et pèse 190 livres. Son père, Barney Tootoo, était le responsable de la glace à Rankin Inlet. En plus d'être l'électricien et le plombier de la place. Quand je dis glace, je dis glace, je ne dis pas glace d'aréna, c'était de la vraie glace, avec un toit. Cette année le gouvernement fédéral a donné 20 000 $ pour installer un système de réfrigération sous la patinoire de Rankin Inlet. C'est Barney qui a incité ses deux fils, Jordin et Terence, de trois ans son aîné, à jouer au hockey et à jouer comme des hommes, pas comme des raisins. La première chose que Barney a montré à Jordin, c'est l'art de la mise en échec. Comme Jordin était plus jeune et plus petit, il a appris à la dure. Combien de fois Terence et ses amis ne l'ont-ils pas mis au défi de patiner de toutes ses forces et de rentrer dans la bande ? Jordin le faisait avec sérieux, et les plus vieux riaient.

Jordin a passé sa vie à chasser et à pêcher comme les Esquimaux de nos livres d'enfants. La chasse aux phoques, aux bélugas, et même à l'ours polaire. Encore aujourd'hui, pendant la saison morte, Jordin saute dans son énorme chaloupe avec Barney et revit ces moments-là, essentiels à son équilibre.

Quand il a été repêché par les Predators de Nashville, c'était l'aboutissement d'un rêve pour son père et pour lui-même. Pas grand, pas gros, mais de la dynamite dans les jambes, les bras, les poings et les épaules. Jordin aime le jeu dur et son leadership a été remarqué quand il s'est aligné l'an dernier avec Équipe Canada Junior aux Championnats du monde.

Il y a un an, le 28 août 2002, Jordin et Terence étaient à l'entraînement à Brandon. En compagnie d'un coéquipier, ils ont mangé, ils ont bu, ils ont ri. Après la soirée, Jordin est demeuré chez son chum, Terence est retourné seul à l'appartement, non loin de là. Les policiers l'ont arrêté pour conduite avec facultés affaiblies. Le lendemain, Terence n'était pas sur la glace. Il a été trouvé mort, une balle dans la tête. Suicide. Terence avait laissé une lettre à son petit frère : « *Jor, go all the way, take care of the family, you're the man. Ter.* »

Jordin Tootoo, du Nunavut, avec son frère dans le cœur, dans le sang et dans la tête, sera à Nashville et tentera de percer l'alignement des Predators.


## Ron Fournier

DIFFUSION : 2 AVRIL 2003

Quand je regarde une partie de hockey, mon œil n'est jamais attiré vers ceux qui officient le match, les arbitres. Avec le règlement des deux arbitres, ils sont maintenant quatre officiels sur la patinoire. Si on ajoute les 12 joueurs au travail, ils sont quand même 16 en même temps sur une surface nettement plus petite qu'un terrain de football, de soccer ou de baseball. Les arbitres, s'ils sont compétents, sont discrets. Toujours au centre du jeu, mais jamais dans les jambes de ceux qui jouent, ou dans le champ de vision de ceux qui regardent.

Je me dis que les arbitres trop démonstratifs doivent avoir des carrières plus courtes. Il ne me l'a jamais dit, et j'ignore si c'est la raison pour laquelle Ron Fournier a troqué le sifflet pour le micro. Était-ce une décision de Ron ? Ou de ses patrons ? Quoi qu'il en soit, ce fut une excellente décision. La retraite rapide de Ron Fournier comme officiel de la Ligue nationale a donné à notre communauté journalistique un de ses personnages les plus flamboyants et un des plus sympathiques. Flamboyant et sympathique ne s'accordent pas souvent. Mais dans son cas, ça s'applique. Quand il est arrivé à CJMS, Ron Fournier n'avait aucune expérience de journaliste et d'animateur. On l'avait entendu analyser certains matches à l'époque où sa vraie personnalité était cachée derrière ses connaissances techniques du jeu. Avec le temps, il a montré ses vraies couleurs.

Ron Fournier fut un excellent athlète. Il a fait carrière au hockey professionnel, tout le monde le sait. Il se devait d'être aussi rapide que les joueurs sur la glace, il se devait d'être plus en forme, sachant que l'arbitre, comme le gardien, est sur la surface de jeu pendant 60 minutes. À la différence que le gardien est un sédentaire et l'arbitre un nomade. Il a joué gros calibre au baseball. Il joue encore au golf et au tennis. Il pense au sport, fait du sport, vit du sport, mange du sport, parle de sport, et rêve au sport.

Ron est un personnage. Comme tout personnage digne de ce nom, il doit respecter la condition première pour accéder au titre de personnage : il ne doit jamais être plate. Et Ron n'est jamais plate. Il a toujours un regard amusé. Et qui dit amusé dit amusant. Fait des fausses crises sur les ondes. Improvise des chansons et invente des expressions. Développe des attitudes sautées et élabore des théories hirsutes. Des fois, on ne comprend pas comment un total bouffon peut être pris au sérieux dans ses analyses et ses commentaires. Mais attention. Quand Ron enlève son nez de clown, personne ne peut le coincer dans une discussion de sport. Ron ne s'est jamais pris au sérieux, et comme il n'a aucune once de prétention ou de méchanceté, personne ne s'en méfie. Par conséquent, il est souvent celui à qui on va se confier. Il fut un temps où, dans le sport montréalais, le scoop était le but. Si c'était le cas encore aujourd'hui, Ron Fournier serait champion compteur.

# Théo

DIFFUSION : 20 MARS 2002

Une des scènes à jamais inscrite sur le disque dur des partisans du Canadien est survenue le soir du 2 décembre 1995. La scène se passe au Forum. Detroit massacre le Canadien et le meilleur gardien de but au monde, Patrick Roy. Il y avait un conflit à peine voilé entre Mario Tremblay, le nouvel entraîneur adulé des Canadiens, et Patrick Roy. Ce soir-là, la marmite avait sauté. Tremblay laisse Roy dans le match jusqu'à l'écœurement, puis il le retire. Roy arrive au banc, fusille Tremblay des yeux, et dit au président des Canadiens Ronald Corey qu'il a joué son dernier match avec le chandail du Canadien sur le dos.

*The shit hit the fan.* La merde a frappé le partisan. Roy quittait Montréal quatre jours plus tard. Le dernier des superstars des Canadiens parti dans la tempête. Comme Alexis Labranche, pour le Colorado. Il n'y a pas eu de superstar depuis. Il y a eu du Damphousse, du Turgeon, du Audette, mais pas de superstar.

Depuis 1995, Jocelyn Thibault, Jeff Hackett, Pat Jablonski, Tomas Vokoun, Patrick Labrecque, Andy Moog, Frédéric Chabot, Mathieu Garon, Éric Fichaud, Olivier Michaud et José Théodore ont gardé le but trois couleurs. Depuis deux ans, José Théodore promet. Cette année, il livre. S'il ne l'a pas fait avant, c'est que, guidés par la prudence, ses boss ont jugé bon de ne pas lui mettre sur les épaules le fardeau que représentent les deux poteaux de cette équipe de hockey.

Après Bill Durnan, Jacques Plante, Ken Dryden et Patrick Roy, cette année, José Théodore est né. Le meilleur gardien de but au monde est à Montréal. Il parle français et il est beau bonhomme. Il a dépassé Dominik Hasek, dépassé Patrick Roy, il est le numéro un. Le 21 février 1996, contre les Whalers de Hartford, Théodore gardait les buts pour la première fois avec le Canadien. Dans le sport professionnel, quand il se pointe jeune, le talent est souvent gaspillé. Par la force des choses, le talent de José Théodore a eu le temps de mûrir. À 26 ans, il est capable d'assumer son talent. Le meilleur pourcentage d'arrêts jamais obtenu par Patrick Roy est de 923, en 1997, avec l'Avalanche. José Théodore est à 927. Qui est le meilleur *joueur* de la Ligue nationale? Joe Sakic? Jaromir Jagr? Pavel Bure? Si on échangeait Théodore contre Sakic, contre Jagr ou contre Bure, deux hommes habillés en blanc avec une camisole de force seraient dépêchés au septième étage du Centre Bell. Les Rangers ont sorti leur carnet de chèques pour pousser Montréal en bas du huitième plateau, le dernier pour passer à l'autre étape. Ils ont acheté Bure et acheté Poti. Les Rangers ont beau payer, c'est Montréal qui va faire les séries. Sur les épaules de José Théodore, le meilleur gardien de but au monde. Le petit maudit a des habiletés physiques hallucinantes. Un sens de l'anticipation. C'est Gretzky avec des grosses jambières et un masque. En bonus, il est orgueilleux comme un pilote de Formule 1, mais ne fait chier personne avec son succès. Grâce à José Théodore, au mois d'avril, ce sera Canadien-Boston. Canadien en sept. (*Le 29 avril 2002, au Centre Bell, 40 jours plus tard, le Canadien éliminait les Bruins en première ronde. En six.*)

# Antonio

DIFFUSION : 9 SEPTEMBRE 2003

On peut l'approuver, le désapprouver, l'appuyer, vouloir qu'il quitte. On peut être indifférent à sa cause, ou très impliqué émotionnellement. L'an dernier il était pourri. À la limite, c'est discutable. Il y a deux ans, il a connu la meilleure saison pour un gardien de but dans l'histoire du club. Ça inclut Vézina, Plante, Dryden, Roy et les autres. Le Hart et le Vézina avec une équipe de 16ᵉ rang. À la limite, c'est discutable. Il y a trois choses dans le cas de José Théodore qui ne sont pas discutables : il est beau, riche et célèbre. Et il tapisse nos journaux et nos bulletins de sports. Ici à Énergie, comme ailleurs.

Mais ce matin, laissons le beau, riche et célèbre de côté pour une minute.

Parlons plutôt d'Anton Barichievich, né en Yougoslavie, il y a 77 ans. Il est mort d'une faiblesse cardiaque, avant-hier, sur un banc de parc à côté d'un Provigo de Rosemont. Il était laid, pauvre et célèbre. Le Grand Antonio faisait partie du décor à Rosemont. Partie de la vie.

Comme les érables. Comme les magnifiques escaliers en colimaçon devant les maisons. Comme le barbier des sportifs, duquel il n'était pas le client le plus assidu. Comme mon père et ma mère, jusqu'à ce que la banlieue les attire, avec leur petite famille.

Dans mon esprit d'enfant et plus tard d'adolescent, le Grand Antonio était un homme des cavernes (d'ailleurs, il a joué dans le film *La Guerre du feu* de Jean-Jacques Annaud). Il ressemblait à Raspoutine, mesurait 6 pieds 4 pouces et pesait 465 livres. Il réalisait des exploits incongrus qui l'amenaient partout sur le globe et lui valaient des manchettes. Il tirait des autobus. C'était sa marque de commerce. Il était comme une vedette de cirque. Promoteur de son propre show: «L'homme le plus fort du monde». Il mangeait un poulet et quatre steaks en un seul repas. Il a fait des voyages partout sur la planète. Au Japon, en particulier, où il a toujours prétendu avoir besoin de gardes du corps pour se promener dans la rue. Il a accumulé des sommes d'argent incroyables qu'il gardait chez lui dans des sacs. Un jour, le Grand Antonio s'est fait voler ses sacs. Quand le Grand Antonio a perdu sa femme, il y a une vingtaine d'années, il a commencé une vie d'errance dans Rosemont. Il faisait quelques apparitions, çà et là, à la télévision. Tentait de gagner une mince pitance en vendant des photos de lui-même dans ses années de gloire. Sur le banc de parc du quartier Rosemont, en dessous de cette fourrure grise, il y avait une légende sportive.

Ronald King de *La Presse,* un gars de Rosemont depuis toujours, nous fait des confidences très intéressantes, ce matin. Page S-15.

Il n'était ni beau ni riche. On s'en sauvait plus qu'on lui courait après. Mais dans son 1 ½ de Rosemont, il a toujours bien dormi.

# Jordan et Lemieux, 1984
DIFFUSION : 23 MAI 2001

En 1984, il y a quatre sports majeurs aux USA. Les deux gros, la NFL et Major League Baseball. Les deux petits, la NBA et la NHL. Cette année-là, deux jeunes athlètes repêchés allaient bousculer l'ordre des choses. Deux athlètes qui apparaissaient bien différents. Un Noir et un Blanc.

Michael Jordan sortait de l'Université de la Caroline du Nord. Il allait révolutionner le monde du basket-ball et du sport profes-sionnel. Il allait devenir l'athlète le plus reconnu à travers la planète, sortir les Bulls de Chicago des bas-fonds et les propulser en haut de la montagne. Entre 1990 et 1998, les Bulls ont gagné six cham-pionnats, en s'accrochant aux ailes de l'homme volant.

En 1984, Mario Lemieux arrivait des Voisins de Laval. Repêché par les Pingouins de Pittsburgh, il allait forcer les amateurs à se poser une question qu'ils n'avaient pas prévue. Qui est le meil-leur : Gretzky ou Lemieux ? Comme Jordan à Chicago, Lemieux allait donner deux championnats aux partisans des Pingouins. Michael Jordan et Mario Lemieux.

Deux géants, un Noir, un Blanc : les prototypes de l'athlète moderne. Il était impossible de croiser Mario Lemieux ou Michael Jordan en société sans qu'il ne porte un complet de millionnaire et une cravate digne d'un paragraphe dans le journal personnel de Karl Lagerfeld. Des sourires diamantés et un entourage impo-sant. En même temps, ils ont effleuré plus de plafonds de limou-sine que tous les autres, ensemble. Comme le basket et le hockey marchent ensemble, de l'automne au printemps, les séries se jouent simultanément, et les saisons mortes décèdent en même temps. Jordan et Lemieux passaient leurs étés sur les terrains de golf les plus prestigieux. Les deux maniaient le *driver* avec la même fluidité et la même puissance. Des handicaps à petit chiffre.

Devenus les enfants chéris des publicitaires, les porte-parole de dizaines de produits et services, Jordan et Lemieux se sont retirés au sommet de leur gloire. Des retraites simultanées. Lemieux, incommodé par des maux de dos et la maladie de Hodgkin. Jordan était juste tanné et avait très mal pris la mort tragique de son père. Après quelques mois loin des caméras et des micros, Jordan et Lemieux ont remis les pieds dans l'arène dans les mêmes circonstances. Mario Lemieux est devenu partenaire majoritaire et président des Pingouins de Pittsburgh, Michael Jordan est devenu partenaire majoritaire et président des Wizards de Washington.

Cette année, Mario Lemieux signait l'histoire de l'année dans le sport quand il a décidé, contre toute attente, de revenir au jeu. Il a sorti les Pingouins de la misère. Les a menés jusqu'en finale d'Association. Le show de l'année se terminait hier. Avec une passe sur le dernier but.

L'an prochain, Jordan va tenter le même exploit avec les Wizards.

## David Wells
DIFFUSION : 5 MARS 2003

Nombreux sont les athlètes en Amérique et partout sur la planète qui deviennent des héros. Il y a les héros d'un soir, les héros d'une saison et les héros de carrière. Encore plus glorieux que le titre de héros, il y a le titre de « personnage ».

David Wells est le plus fidèle représentant du mâle américain moyen dans les ligues majeures. Faisons comme si vous n'aviez jamais entendu parler de David Wells.

Je vous le présente. David Wells est un lanceur gaucher de 40 ans. Il mesure 6 pieds et 3 pouces, le livre dit 240 livres, pariez plutôt sur 280. Il a une bedaine et est incapable de penser courir un kilomètre sans s'évanouir. Il ne doit pas sa bedaine à l'hérédité, mais à la bière. Il a bu de la bière toute sa vie et attribue une bonne partie de son bonheur au houblon. Il y a ici, autour de moi, à peu près 200 bouquins qui parlent de baseball. Depuis une douzaine d'années, on jurerait que tout le monde du sport croit sa vie ou sa carrière suffisamment intéressante pour l'écrire et la présenter en librairie ; 98,9 % des biographies de baseball des 10 dernières années sont nulles.

La bio de David Wells s'appelle *Perfect I'm Not. Boomer, on Beer, Brawls, Backaches and Baseball.*

Enfin, une bonne. Wells a lancé un match parfait. Seulement 15 lanceurs ont réussi l'exploit en 500 000 parties lancées. Un exploit hors du commun qui arrive une fois tous les huit ans. D'en avoir lancé un lui donne le droit de parler de sa vie. Pour le réussir, il faut être dans un état second. Il a lancé la sienne un dimanche après-midi. La veille, il avait viré une mémorable brosse en fêtant avec les gars de Saturday Night Live jusqu'à quatre heures du matin. Quand il est arrivé au monticule, le jour de son chef-d'œuvre, il était encore à moitié saoul. Le gros Wells s'est battu dans les tavernes et les bars. Il a fraternisé avec les motards, n'a jamais fait plus que quatre *push ups* de suite, est un collaborateur privilégié de Howard Stern, le grand roi de la *trash* radio matinale aux USA. Wells est un invité régulier des gros *talk-shows* aux États-Unis. Pour les maniaques de la condition physique, c'est le diable.

Voici ce qu'il dit de Toronto :

*« Les partisans des Blue Jays ne comprennent pas ce qu'ils voient. Certains soirs, j'aurais voulu monter dans les gradins au Skydome afin d'en taper quelques-uns. Les partisans de Toronto sont nuls. Les journalistes de Toronto sont nuls.*

*« Perfect I'm not. Boomer on beer, brawls, backaches and baseball. »*

# Rube

DIFFUSION : 3 JUILLET 2002

La ville de Punxsutawney, en Pennsylvanie, est connue pour sa marmotte, Phil. Le 2 février, Phil la Marmotte sort de son trou et vous connaissez le reste. L'hiver qui dure plus ou moins longtemps. (Voyez *Le Jour de la marmotte* avec Bill Murray.)

Punxsutawney a aussi été le berceau d'un des athlètes les plus étranges de l'histoire du baseball. George Edward « Rube » Waddell.

Rube a connu la gloire au début du XX$^e$ siècle avec les Athletics de Philadelphie. Il a sa plaque au Temple de la renommée. Je suis allé à Cooperstown, il y a quelques semaines, et je l'ai salué.

« *Salut Rube.* »

Waddell avait une balle de feu. En 1904, Rube a réussi 349 retraits sur des prises. Un record qui est resté dans le livre 71 ans. C'est Nolan Ryan qui l'a surpassé en 1975. Rube est arrivé dans les majeures en 1897, a quitté en 1910. En 1946, on lui ouvrait les portes de l'immortalité.

Il y avait très peu de journalistes à l'époque pour coucher sur papier et conserver les allées et venues des joueurs, hors du terrain. Les rares journalistes qui suivaient le baseball, un ou deux par ville, ne parlaient que du match. Jamais de ce qui se passait hors du terrain. Sans radio, sans télévision, il fallait attendre le journal du soir pour savoir ce qui s'était passé entre les lignes. Pas de temps pour la marge. Pas d'espace pour les extravagances des joueurs. Sauf en de rares occasions, où cette loi non écrite ne résistait pas. Les extravagances étaient trop extravagantes pour rester non dites. Rube était toujours au milieu de l'histoire. Au milieu d'un match, il lui arrivait de quitter le monticule en courant et de suivre les chevaux des pompiers qui passaient par là. Dès qu'il entendait les cloches, il sautait une coche et s'enfuyait. Passionné par le feu. Il lui arrivait de ne pas se présenter au match, préférant rester sous les gradins et jouer aux billes avec des enfants. Il se battait avec les alligators. Il s'est déjà marié trois fois en trois semaines, avec trois femmes. Ossie Schreckengost, son cochambreur, avait obtenu que le contrat de Rube lui interdise de manger des biscuits au lit.

Rube se saoulait au point où ses coéquipiers ont fait la grève pour que Connie Mack le congédie. Ce qu'il fit en 1910. Deux ans plus tard, une inondation menaçait de détruire un village voisin. Rube est allé aider les sinistrés, il est tombé malade et est mort. Il avait 36 ans. On en connaît très peu sur Rube Waddell. Mais si les micros et les caméras avaient alors existé, il aurait été une superstar.

J'ai pensé à lui ce matin en lisant la déclaration du jour. Elle est de Marc Goulet, un athlète de Jonquière, et détenteur du record du

100 mètres aux Jeux du Québec. C'est le neveu de Michel Goulet.
Le jeune Marc a 15 ans et veut devenir pompier-araignée.
   « *Pourquoi ?* lui a demandé le journaliste.
   — *J'adore le feu. Quand j'étais jeune, je mettais le feu un peu partout. Mais je me suis rendu compte qu'il n'y avait pas d'avancement là. Alors, je veux l'éteindre, c'est plus payant. En gardant la forme, je pourrais devenir pompier-araignée.* »
   Bonne journée Marc.
   Bonne journée Rube.


## Marge
DIFFUSION : 3 MARS 2004

Le sport professionnel est une planète. Des milliers d'individus divisés en quatre groupes peuplent la planète. Il y a la plus grosse gang : le peuple. Avant, vous étiez des spectateurs, des partisans, des amateurs. Aujourd'hui, vous êtes des clients.
   Le deuxième groupe, c'est les joueurs. L'association des joueurs. Le syndicat. Il y a le bureau du commissaire. C'est la plus petite gang, ils sont un.
   Il y a la quatrième gang : les propriétaires. Les propriétaires sont là pour faire de l'argent.
   Dans chacun des groupes, il y a des personnages mémorables. Il y a des propriétaires qui ont une équipe pour s'amuser. Ils font des millions de dollars dans d'autres domaines et un jour ils décident de se payer un joujou, question de se flatter l'ego et de se retrouver dans les manchettes et les photos. Il y a d'autres propriétaires qui préfèrent l'ombre à la lumière.
   Hier, le sport professionnel a perdu un personnage. Marge Schott, ancienne propriétaire des Reds de Cincinnati, est morte. Les poumons. Madame Schott fumait comme deux cheminées.
   Marge a acheté les Reds de Cincinnati au milieu des années 1980. Elle était veuve depuis une quinzaine d'années. Son mari, un homme d'affaires de Cincinnati, avait été propriétaire de

concessions automobiles et avait fait beaucoup d'argent. Plutôt que de se laisser vivre sur les intérêts bancaires, elle a décidé de continuer l'œuvre et de s'acheter toutes sortes de choses, dont un club de balle. Marge détestait tous les êtres humains de plus de 18 ans. Elle les adorait jusqu'à 17, mais préférait les animaux.

Tout au long de sa carrière de propriétaire, elle a accumulé les déclarations inquiétantes. Quelques exemples. Après mûre réflexion, Marge disait qu'Adolf Hitler avait fait d'excellentes choses et avait été un atout pour la race humaine. Elle avait un brassard nazi dans son bureau, avec le svastika. Quand un journaliste lui demanda ses impressions sur ses deux vedettes du temps, Eric Davis et Dave Parker, elle avait dit : «*Are you talking about these million dollar niggers?*»

Marge était *cheap*. Elle exigeait que toutes les dépenses de plus de 50 $ soient approuvées directement par elle. Un jour, elle a décidé que les scores à l'étranger coûtaient trop cher : 350 $ par mois. Elle ordonnait que son chien Shottzie, un énorme saint-bernard, puisse se promener où il voulait au stade Riverfront y compris, évidemment, sur le terrain. Barry Larkin, l'arrêt court, avait fait une crise un jour parce qu'il avait pilé dedans en pleine pratique. Quand l'arbitre au marbre John McSherry est mort pendant le match inaugural, en 1996, elle a piqué une crise parce qu'on avait remis la partie à plus tard. Le lendemain, elle a fait parvenir des fleurs à la famille de l'arbitre. Un bouquet qu'on lui avait offert deux jours plus tôt. Elle a remplacé la petite carte par une note : «*Sincères sympathies, Marge Schott.* »

Il était interdit aux joueurs des Reds de porter une boucle d'oreille, parce que juste les gais portent la boucle d'oreille. Les toilettes des employés n'étaient pas nettoyées et elle coupait le chauffage dans les bureaux à cinq heures l'après-midi.

Marge est morte hier.

À 75 ans.

# Hillary

DIFFUSION : 4 OCTOBRE 2004

Vous êtes probablement comme moi.

On aime les *underdogs*. Les sous-chiens, comme m'aurait dit un vieux copain de travail. Les négligés. Quand David affronte Goliath, ça fait toujours du bien de voir Goliath se faire surprendre.

Dans le sport mineur, au baseball en particulier, dans les ligues de jeunes, il arrive très fréquemment qu'on voie une fille dans les équipes de gars. La plupart du temps, la fille est reléguée loin dans l'alignement, on la fait jouer par charité chrétienne ou par obligation, et on essaie qu'elle ne nuise pas trop. Quand mon second fils était plus jeune, dans les rangs peewee et bantam, il y avait toujours une fille ou deux dans son équipe. À chaque fois qu'elle se présentait au bâton, je me croisais les doigts et j'espérais qu'elle frappe un coup sûr.

Dans la ligue locale ici, dans les Basses-Laurentides, il y avait une équipe à Lorraine-Rosemère. Pour cette équipe, la fille n'était pas reléguée dans les derniers rangs des frappeurs et loin à la vache en défensive. Pas du tout. Au contraire. Elle s'appelait Hillary et était lanceuse. La position clé pour une équipe de balle. Hillary avait une bonne balle rapide et une courbe occasionnelle efficace et décevante, pour le frappeur. C'était pas facile pour les gars de Sainte-Thérèse quand Hillary lançait. En particulier quand elle les passait dans la mite. Quel coup sur l'orgueil. Se faire battre par une fille.

Un jour alors que Hillary lançait, j'ai cru deviner que le monsieur accoudé sur la clôture du champ gauche, c'était son père. Il lui prodiguait des conseils de loin, des encouragements, qu'elle n'entendait probablement pas, toute concentrée à défier les frappeurs adverses. Il lui parlait en anglais. Je me suis approché de lui. Je me suis présenté :

« *Are you Hillary's father?*

— *Yes* », me répond-il, et on se met à jaser.

Je lui ai dit que je la trouvais bonne. Il me raconte qu'il est Américain, qu'il s'appelle George. Il vient de Philadelphie et travaille pour une compagnie d'assurances ici depuis quelques mois. C'est un passionné de baseball. Il aurait bien aimé avoir un fils, mais il adore sa fille et sa fille adore la balle. Il lui a tout montré. Il lui a surtout montré à de ne pas se laisser impressionner par le fait que ses adversaires sont des gars. Il a passé des heures à lui enseigner la technique. La courbe, la rapide à deux cordes, la rapide à quatre cordes, la stratégie.

La toute première fois que je lui ai parlé, c'était il y a cinq ans. Au cours des années qui suivirent, à chaque fois que Francis affrontait Lorraine-Rosemère, j'allais prendre des nouvelles. Et puis ? La vie au Québec, ça va toujours ? Les assurances ? Et Hillary, sa courbe ?

« *Do you plan to go back in the States?* »

Éventuellement, me disait-il.

Jeudi dernier, à Lorraine, trois personnes, un papa, une maman et une adolescente de 17 ans ont trouvé la mort dans un drame familial insensé. C'était Hillary, George, son papa, si fier et si gentil, et Barbara, sa maman que je ne connaissais pas. Dieu les garde.

## Joe Namath
DIFFUSION : 5 FÉVRIER 2002

J'ai encore le goût de la peau de cochon dans la bouche. Petite dose de culture sportive : les Américains appellent le ballon de football *the old pigskin*. Avec le match que nous ont offert les Patriots et les Rams dimanche dernier, difficile de ne pas filer football deux jours plus tard. En voyant les photos de Tom Brady, sur le même char allégorique que Mickey Mouse ce matin dans les journaux, j'ai eu une bonne pensée pour Broadway Joe. Dans tous les commentaires entendus à la suite de la victoire surprise des Patriots, les allusions au Super Bowl III, joué en 1969, étaient fréquentes.

« *On n'a rien vu de pareil depuis 33 ans.* »

On l'a entendu cent fois.

Voici ce qui s'était passé en 1969. D'abord, le contexte. Afin de concurrencer la Ligue nationale de football, des hommes d'affaires avaient planifié et mis sur pied une deuxième ligue de football professionnel. La Ligue américaine de football existait depuis le début de la décennie. Bien entendu, la NFL avait toujours refusé d'affronter les champions du circuit junior, prétendant avec raison qu'ils étaient trop forts et n'avaient rien à gagner à jouer contre eux. En 1967, sous la pression médiatique, ils avaient été forcés d'accepter. Les Packers de Green Bay de la NFL avaient écrasé les Chiefs de Kansas City, 35-10. C'était le Super Bowl I. Au Super Bowl II, les mêmes Packers avaient cette fois défoncé les Raiders d'Oakland, 33-14. Au Super Bowl III, en 1969, Johnny Unitas et les gigantesques Colts de Baltimore affrontaient les minuscules Jets de New York, des têtes folles. Un autre match à sens unique.

Si cette année le jeune Tom Brady a passé la semaine à se faire discret, le jeune quart-arrière juif des très négligés Jets, Broadway Joe Namath, avait fait le contraire. La semaine précédant le match, il s'étendait au bord de la piscine de l'hôtel, verres fumés, en compagnie non pas de Mickey Mouse, mais de trois ou quatre plantureuses jeunes dames. Il répétait à qui voulait l'entendre ou non, sirotant son triple scotch, qu'il garantissait une victoire des Jets.

« *I garantee it.* »

Les journalistes le voyaient tous comme un bouffon, un *showman*, avec ses cheveux longs et son attitude baveuse. Si les Rams étaient favoris par 14 points, dimanche dernier, en 69, les Colts étaient favoris par 20 points pour battre les Jets. Comme la Pologne contre le Canada au hockey. Le Pakistan contre le Brésil au foot. Les Colts étaient dix fois plus forts que les Jets.

Ce qui devait arriver arriva. La Pologne a battu le Canada. Le Pakistan a clenché le Brésil. Broadway Joe Namath a dominé le match et mené les Jets à une victoire de 16 à 7 qui a changé tout le portrait du football aux États-Unis. Un an après cette victoire, les bonzes de la NFL n'avaient d'autre choix que d'accepter dans leurs rangs les équipes de l'AFL. Bienvenue aux Jets, Chiefs,

Dolphins, Raiders, Patriots, Bills, Broncos, Bengals, Chargers et Oilers. La NFL naissait officiellement, dans le sillon creusé par un playboy prétentieux, maquereau et fêtard non repentant, première superstar moderne. Broadway Joe Namath.

## Johnny Unitas
DIFFUSION : 12 SEPTEMBRE 2002

En 1969, les États-Unis d'Amérique, défenseurs de la liberté, et chasseurs de communistes, comptaient leurs morts par dizaines de milliers. Leurs victimes étaient leur propre jeunesse. Les sacrifiés du Vietnam avaient réveillé depuis quelques années la fureur de ceux qui restaient ici et peuplaient les universités. Leurs frères étaient massacrés, victimes mortelles d'une politique établie et appliquée par la génération de leurs parents et de leurs grands-parents. À la fin des années 1960, ça a pété. Des manifestations monstres à Washington et dans tout le pays ont changé les choses. Les mots « justice sociale », « environnement », « femme et équité » allaient maintenant faire partie du discours des dirigeants.

Dans le monde du sport, 1969 marque aussi un tournant important, en particulier dans le sport qui est devenu le vrai sport national des Américains : le football. Un sport télévisuel, calqué dans son essence, son vocabulaire, son allure, ses principes et ses stratégies d'ensemble sur la guerre. En 1969, la toute puissante NFL avait été battue par la vigoureuse et toute jeune AFL dans un Super Bowl qui a changé le cours de l'histoire sportive. La *beat generation* s'étaient rangée derrière Broadway Joe, le quart-arrière des Jets de New York de la maudite jeune ligue. Cheveux longs, arrogant. Au goût du jour.

Au Super Bowl de 1969, chez les Colts de Baltimore de la puissante NFL, le quart était Johnny Unitas. Cheveux en brosse comme un soldat, Unitas avait commencé à jouer en 1955, il est arrivé dans le paysage en même temps que les jukebox et Elvis. Il était le premier quart-arrière à être perçu comme un général. Père de famille sobre et exemplaire, il pourfendait les défensives ennemies depuis 15 ans. Longtemps après sa retraite, Unitas a été choisi par vote d'experts le meilleur quart-arrière de l'histoire.

Roi incontesté du livre des records pendant des années, c'est en 1969 que Unitas le vétéran avait rencontré son homme, le poilu Broadway Joe Namath. Sa carrière déjà très avancée allait s'endormir, jusqu'en 1973.

Le bras droit de Johnny Unitas en a fait un symbole. Mais la vie étant ce qu'elle est, Unitas a fini sa vie incapable d'utiliser sa main et son bras droit, même pas pour signer son nom. Ou déboucher une bière. Il avait aussi les deux genoux reconstruits et marchait péniblement. Résultat de blessures vieilles de plus de 30 ans. Les temps étant différents, Unitas jouait à l'époque où les salaires étaient indécents, mais dans l'autre sens. Souffrant et handicapé, il a dû travailler longtemps après ses heures de gloire. Johnny Unitas, icône du sport américain, est mort hier à 69 ans. Un 11 septembre.

## Barret Robbins
DIFFUSION : 28 JANVIER 2003

Cela ne m'est jamais arrivé, mais il me semble qu'un homme qui passe neuf mois par année à toucher du revers de la main une partie très intime d'un autre homme doit développer une relation privilégiée avec cet autre homme. Je ne parle pas de relation sexuelle, bien entendu, mais de relation sportive. On est tous d'accord que le match du Super Bowl XXXVII, c'est l'histoire de l'effondrement de Rich Gannon. Un vétéran de 15 saisons dans la NFL qui s'est distingué toute la saison par son jeu brillant, avec ses deux receveurs expérimentés, Jerry Rice et Tim Brown. Rich Gannon dirigeait la meilleure offensive de la NFL. Devant 800 millions de téléspectateurs, il s'est effondré. Que s'est-il passé? Pourquoi? La réponse est dans la poche.

La disparition du centre étoile des Raiders d'Oakland, Barret Robbins, avant le Super Bowl XXXVII, est toujours un mystère.

Robbins est disparu vendredi soir et ne s'est rapporté que 24 heures plus tard. Les Raiders l'ont alors mis à la porte de l'hôtel où ils logeaient. Ses coéquipiers ont entendu toutes sortes de rumeurs sur les raisons du départ de Robbins. On sait qu'il a passé la journée du Super Bowl à l'hôpital où il demeurera jusqu'à mardi, au moins. Quatre coéquipiers de Robbins racontent que le joueur a passé la journée de samedi à Tijuana au Mexique, une ville située à deux pas de San Diego. Après la défaite des Raiders, l'entraîneur Bill Callahan a promis de tout révéler lorsque l'équipe sera de retour à Oakland. Finalement, l'équipe a décidé que l'histoire resterait dans le vestiaire.

Pour les non-initiés, le joueur de centre d'une équipe de football est celui qui se penche et qui remet le ballon au quart-arrière en le lui passant entre ses jambes. Le dos de la main droite de Rich Gannon et le scrotum de Barret Robbins avaient une communication qui ne s'explique pas, qui dépasse le rationnel. En plus de lui remettre le ballon, Barret Robbins, un gros Texan de 6 pieds 3 pouces, 320 livres, né à Houston, gradué de l'Université Texas Christian, doit protéger Rich Gannon contre les assauts de la meilleure défensive de la NFL, celle des Buccaneers. Robbins est le principal garde du corps de Gannon. Au pire moment, le gros Texan a sauté une coche. Il n'était plus là. La veille du match le plus important de sa vie, Barret Robbins, le meilleur joueur de centre au monde, a capoté. Des sources anonymes disent qu'il a une histoire de désordre émotif, de dépression et qu'il était sous médication. Rich Gannon allait jouer le match ultime sans son protecteur. Le jockey sans son cheval. Le boxeur sans son homme de coin. Ding sans son Dong. Whitney Houston sans son Kevin Costner.

Buccaneers 48, Gannon (sans son Robbins) 21.

# Daniel Talbot

DIFFUSION : 19 SEPTEMBRE 2002

Même s'il a bien élargi et ramolli au cours des dernières années, dû à un excédent de sofa, mon cul est toujours béni. Je vous raconte.

Au printemps 2001, monsieur Charles Benoît, vice-président de la corporation qui paie mon hypothèque en échange de mes savoureux services, me dit qu'un ami personnel aimerait bien me voir à son tournoi de golf, le fameux tournoi de Wayne Gretzky du début de l'été. Je ne joue plus au golf depuis deux ans. Mais comme il insiste, et que je ne recule devant rien pour *licher* un boss, j'accepte de dépoussiérer mes pioches. J'arrive sur place et je constate que le pro qui jouera sur mon *foursome pro-am* est le vieux Daniel Talbot que je rencontre pour la première fois. Quinze ans après son *prime*, si vous me passez l'expression bulgare. Daniel a certainement été un des trois meilleurs golfeurs de notre histoire, sinon le meilleur. Le plus durable, c'est sûr. Une montagne de titres canadiens et québécois.

Daniel Talbot est un individualiste convaincu, indépendant, articulé. Une mine de commentaires techniques, d'observations sur le golf et sur la vie, un sage analyste. Il a réponse à tout avec plus de détails qu'il n'en faut. Il a collectionné assez d'anecdotes pour meubler des conversations pendant des centaines de rondes. Une tonne d'anecdotes savoureuses pigées ça et là dans une carrière qui a maintenant plus de 30 ans. Une carrière qui lui a permis de jouer dans un trio complété par Jack Nicklaus et Arnold Palmer. Il s'est frotté plusieurs fois avec les gros canons du golf mondial. Jamais n'a-t-il souffert de quelque complexe que ce soit. Il a frappé sa balle toute sa vie avec fougue. Daniel Talbot était un compétiteur féroce qui ne laissait aucun quartier dans le feu d'un match. Trente ans plus tard, la fougue a laissé place à l'expérience, à la pondération et à une extraordinaire habileté.

Nous sommes au départ d'un par 3, 200 verges. Depuis le dernier trou, Daniel m'explique que la clé, c'est la concentration. Sur le *tee*, en se servant de son bâton comme d'une baguette de professeur, il m'indique le chemin que devra parcourir la balle, en détail. Telle hauteur, en direction de tel arbre, devra tomber 12 pieds à droite, un peu devant et rouler vers le trou avec un effet de droite à gauche. Elle devrait s'arrêter à une dizaine de pieds. Il a ensuite gardé le silence pendant une vingtaine de secondes. La balle a copié avec une renversante précision le dessin que Talbot avait imaginé.

Le vieux Talbot a distribué les leçons depuis deux ans sur le circuit régulier du Québec. Devant tous les jeunes loups du golf québécois, il a remporté la Coupe SAQ, le tournoi le plus payant de l'année, avec une bourse de 40 000 $ au vainqueur. Le Québec se cherche toujours des nouveaux héros. Les derniers mois ont propulsé Eric Lucas, Éric Gagné, Patrick Carpentier et Geneviève Jeanson aux premières positions du palmarès des têtes couronnées.

Regardez du côté du *Champion's Tour*, l'ancienne SPGA. Y'a un jeune vieux qui s'apprête à se montrer la face.

## Moe Norman
DIFFUSION : 7 SEPTEMBRE 2004

Je sais qu'il y en a de plus brillants que d'autres. Ces salauds attendent au mois de septembre pour prendre leurs vacances. Alors que tous les cruchons que nous sommes rentrons en rang d'oignons dans nos bureaux, nos studios, nos locaux. Eux en sortent et nous font un petit clin d'œil. Vous savez pourquoi : parce que le début de septembre, c'est le plus beau temps de l'année pour jouer au golf. Les départs sont automatiques. Les terrains sont à pleine maturité, les verts sont beaux, toutes les feuilles sont encore accrochées solidement. Et le soleil de fin d'après-midi est magnifique.

Deux grosses nouvelles de golf au cours des derniers jours. Hier est arrivé ce qu'on attendait depuis trop longtemps. Tiger n'est plus le numéro un mondial. Après avoir dominé comme jamais athlète n'a dominé son sport, après avoir gagné tout ce qu'on peut espérer gagner, après avoir été l'athlète numéro un, tous sports confondus, il s'est calmé et est redevenu humain. Il se classe toujours dans les meilleurs, mais sa domination s'est effritée. Plusieurs font un lien entre sa baisse de régime et l'arrivée de Elin Nordegren, jeune mannequin suédoise, aimante, jolie et sympathique. Plusieurs s'attendaient à voir le Big Easy, Ernie Els, remplacer Tiger sur le trône, mais c'est Vijay Singh, une machine de golf qui coiffe plutôt la couronne.

Lee Trevino a été le joueur dominant pendant quatre ou cinq ans dans les années 1970. Quand on demandait à Trevino qui était le plus habile golfeur au monde, le joyeux Mexicain répondait immanquablement Moe Norman. Je n'ai pas dit Greg Norman, j'ai dit *Moe* Norman. L'an dernier, j'ai eu le bonheur de partager une voiturette de golf avec Daniel Talbot, un monument de golf au Québec et au Canada. Daniel avait une caisse et demie d'anecdotes sur Moe Norman.

Vous avez déjà vu le film *Rainman*? Ou vu des reportages sur l'autisme? Moe Norman faisait penser à *Rainman*. De sa petite voix saccadée, haut perchée, Norman répétait toujours deux fois la même phrase. Il était d'une précision impossible. On dit qu'avec son fer 9, il pouvait placer cinq balles sur une serviette de plage, 120 verges plus loin. Il laissait tomber le *tee* et le remplaçait par une bouteille de coke, il en buvait 24 par jour. Jamais de bière. Il ne prenait jamais plus de trois secondes pour s'installer et frapper sa balle. Avec son putter, même chose. Quand un de ses partenaires de jeu prenait trop de temps, il se couchait sur le terrain et ronflait.

Un jour, sur le départ du premier, une normale trois de 230 verges, des journalistes étaient rassemblés autour de lui et l'agaçaient sur la faiblesse de son putting. Norman leur dit : «*Aujourd'hui j'ai décidé que je ne puttais pas.*»

Il se tourne, frappe sa balle et réussit un trou d'un coup. Il craignait comme la peste tout ce qui s'appelait micro et caméra. On dit même qu'à plusieurs occasions, alors qu'il s'apprêtait à gagner, il faisait exprès pour perdre afin de ne pas avoir à faire face aux journalistes. Un jour où il avait raté un coup dans une trappe de sable qui lui avait valu une défaite, Moe Norman avait passé la nuit suivante couché dans la trappe, afin de faire la paix avec elle. Le Canadien Moe Norman s'est éteint en fin de semaine à l'âge de 75 ans. Pour ceux que ça intéresse, un livre : *The Feeling of Greatness, the Moe Norman Story.*

# Hugo
DIFFUSION : 19 MARS 2002

Dans toute ma vie, il m'est arrivé une fois de quitter l'hiver québécois pour les terrains de golf de la Floride. C'était en mars 1996. Parti avec mon agent et ami, maniaque du golf. Un plan simple : on joue deux 18 trous par jour, on bouffe un peu et on dort. On a joué tous les jours, deux fois comme planifié. Au tournoi des Expos au Club Emerald Dunes, à West Palm Beach. Il y avait là des voiturettes qu'on aurait cru destinées à René Angélil, avec radar *built-in* qui donnait les distances précises, la vélocité du vent, sa direction et la position du drapeau. Tout ça gratis, ce qui est toujours agréable.

On a joué deux rondes avec Jean-Louis Lamarre (le frère de Chantal, l'actrice). Cette journée-là, c'est Hugo, 23 ans, qui complétait le quatuor. Mon agent le connaissait, pas moi. Hugo était un golfeur très talentueux et légèrement fêlé. Comme je les aime. Il avait obtenu une bourse d'études à l'Université Lynn, en Floride, réputée pour son équipe de golf. Hugo avait toujours une niaiserie, une folie, une idée. Sur un terrain de golf, ce n'est pas toujours commode pour les partenaires de jeu. Cette fois-là, ce n'était pas si grave, puisque Lamarre (secret bien gardé) ne donne pas sa place quand vient le temps de faire semblant d'être sérieux.

Hugo prenait une seconde et quart pour se concentrer et frappait la balle à 275 verges, dans le milieu. Grâce à sa bourse, il se payait un petit appartement dans le coin de Boca Raton, avec sa jeune blonde Julie qui, elle, travaillait dans le domaine de la santé en Floride. Julie est une Québécoise de la Rive-Sud. Pour gagner un peu d'argent, Hugo s'était déniché un emploi de caddie de luxe. Il traînait deux sacs en même temps pour les riches retraités de la Floride, en donnant une leçon ou en faisant une niaiserie. Ces clients étaient gâtés et payants. Parmi ceux-ci, un illustre ancien des Yankees, Bucky Dent. Celui qui avait tué les Red Sox en 1978. Dent était gérant des Rangers du Texas et s'était pris d'amitié pour Hugo.

Le petit 4 $\frac{1}{2}$ de Hugo était adjacent à un terrain de golf. Il lui arrivait de prendre quatre ou cinq balles dans son sac et de courir, nu-pieds, avec son petit chapeau, jusqu'au départ le plus proche, et de les frapper ; 275 verges dans le milieu.

Mais Hugo avait un autre rêve. Il aurait pu devenir un pro, gagner sa vie à donner des leçons à quelques riches américains, en faisant des niaiseries. Mais il voulait devenir chanteur. Chanter ses chansons. Sa guitare avait une place de choix dans l'appartement. Devant son sac de golf.

« *Aye, écoute ça, j'ai un nouveau* riff. »

Voici un gars qui peut vivre grassement en jouant au golf et qui veut se lancer dans l'aventure pour le moins incertaine de la musique. Hugo, comme tout homme de 23 ans, se foutait de ce que je pensais. Lui, c'est la musique, pas le golf. C'était il y a six ans.

Hier, au Club Med World, Ugo lançait son premier album. C'est beau Hugo.

## Arthur Ashe

DIFFUSION : 8 FÉVRIER 2002

Il y a 10 ans, ce qui se passe aujourd'hui aux États-Unis eût été étonnant, presque impensable. Il y a 10 ans, c'était hier. Il y a 20 ans, c'était pure fantaisie. Les deux sports individuels les plus blancs et les plus blonds de la planète, le golf et le tennis, sont dominés, le mot est faible, par des athlètes afro-américains. Des *Blacks*. Criez golf sur n'importe quel continent et l'écho va vous renvoyer Tiger. Criez tennis et l'écho va vous renvoyer Serena et Venus. Woods et les Williams dominent les classements, occupent les manchettes et ramassent les bourses.

Il y a 10 ans, leur père spirituel, Arthur Ashe, mourait. Le 6 février 1992.

Depuis 50 ans, le *Black* s'est taillé la meilleure place au baseball, la meilleure place au basketball et aussi au football. Mais au tennis et au golf?

Arthur Ashe est une légende. Parce qu'il était champion de tennis, mais surtout parce qu'il était un homme. Pour son engagement, pour l'intégration des sportifs afro-américains et contre l'apartheid. Pour la lutte contre le sida, dont il est mort.

*«Arthur Ashe est un modèle dans tous les sens du terme et pour tout le monde, pas seulement les joueurs de tennis.»* (James Blake, membre de l'équipe des États-Unis de la Coupe Davis 2002.)

Ashe avait 49 ans et n'a jamais pu voir Serena et Venus Williams dominer le tennis féminin, ni Tiger Woods brûler les 18 trous partout sur la planète. Vainqueur de 33 tournois durant sa carrière, Ashe a été le premier joueur noir à remporter le US Open (1968). Il s'est imposé de la même façon en Australie deux ans plus tard. A gagné sur le gazon de Wimbledon en 1975 contre Jimmy Connors pourtant annoncé imbattable. A atteint la deuxième place mondiale en 1976.

Le court de tennis n'était pas son unique champ d'action. Engagé pour la cause noire en Afrique du Sud, il manifestait physiquement pour la condition des réfugiés haïtiens aux États-Unis. Il a été arrêté à l'extérieur de la Maison Blanche cinq mois avant sa mort.

À 36 ans, il avait eu une première alerte cardiaque. En 1992, sachant qu'un quotidien national était au courant, il a révélé au public qu'il avait contracté le sida après une transfusion sanguine à sa deuxième crise cardiaque, en 1983. Il a annoncé la création de la Fondation Arthur Ashe qui lutte contre le sida. Ce géant du sport, de la justice, de la paix et de la liberté a terminé son dernier discours, en disant: *«Je ne suis pas une victime, je suis un messager.»*

# Marginaux par Martineau

DIFFUSION : 18 MARS 2004

La difficulté, quand on fait un documentaire sur des marginaux qui n'ont ni l'âme, ni la conscience, ni le passé blancs, c'est de pécher par excès. De tomber en amour avec le sujet et de tromper l'objectivité, l'essence première pour crédibiliser un document. Le danger, c'est de céder à la tentation de trop tirer vers la droite ou la gauche. Trop sévère ou pas assez.

Richard Martineau a visé en plein centre de la cible avec son *Destin tordu des Hilton* qui sera présenté à Télé-Québec, dimanche. On en ressort ébranlé. Il arrive souvent dans le processus de création d'une émission ou d'une série d'émissions que des « créatifs » se réunissent et cherchent un titre pour leur projet. Ce n'est jamais très évident.

Le *Destin tordu des Hilton*. 10 sur 10 sur le titre. Aucun péché commis, aucune imbécilité, aucun crime, grave, stupide, anodin n'a été passé sous la couverture. Martineau a touché à tout. Et les Hilton ont répondu. Il a suivi le chemin parcouru par cette famille unique dans les annales du sport, à partir du moment où les cinq garçons, le père et la mère restaient dans une roulotte à Ville Lasalle. Chacun des membres de la famille témoigne sur ce qu'a été leur vie, sans aucune censure.

Les personnages qui ont gravité autour de l'univers familial ont tous de grosses pointures. Les rôles de soutien sont tenus par :
- Frank Cotroni, grand patron de la mafia montréalaise ;
- Don King, grand vizir de la boxe internationale dont la feuille de route est plus trouble que l'eau d'une fosse septique ;
- Mohammed Ali ;
- L'avocat criminaliste Frank Shoofey, assassiné dans des circonstances troubles.

À la fin, est-ce qu'on bénit les Hilton ? Est-ce qu'on les répudie ? On les déteste ou on excuse leurs frasques ? On fait quoi devant l'étrange honnêteté, la naïveté souvent touchante et kafkaïenne de ces matamores élevés à coups de poing et à coups de menaces, par un père déséquilibré et alcoolique? Un jour, le papa entend dire qu'une vieille connaissance a déclaré qu'il entendait lui donner une volée. La famille était à Rivière-du-Loup. Sur l'heure du midi, il ordonne à ses cinq fils et à sa femme d'embarquer dans la *minivan* familiale. Ils ont roulé toute la journée et toute la nuit jusqu'à Morrisburg en Ontario. Se sont retrouvés au milieu d'un champ où l'attendait l'auteur de la menace. Le père débarque. D'un seul coup de poing sur la gueule, couche le malpoli. Rembarque la famille et revient à Rivière-du-Loup.

Les drames, les tragédies, la comédie, les moments de gloire, les pires stupidités, les soupçons les plus noirs se sont inscrits dans le fou scénario de leur vie.

On réagit comment? On dit chapeau Martineau.

## Régis

DIFFUSION : 7 FÉVRIER 2001

Régis Lévesque est un personnage de film. Authentique et imprévisible. Il a le visage renfrogné du vieux bagnard. Une couette amincie, relique d'Elvis. La voix d'un gars qui se gargarise avec du sable. Le ton d'un président de syndicat de *bodyshop* et l'allure générale de l'oncle de Mom Boucher. Comment ne pas tomber en amour?

Pas facile de devenir un personnage. Régis a connu des années de haute voltige et de chutes dramatiques. Toujours assez de ressources pour s'en sortir vivant. Faut pas se laisser aveugler par les 500 mots du dictionnaire de Régis Lévesque. Ne pas penser que c'est un vieux mal dégrossi, pauvre type, débile léger, sonné perpétuel.

En 1980, Régis Lévesque a fait autant d'argent en deux semaines que ce que vous et moi on faisait en deux ans. Sans voler, sans tricher, sans gager. Il a toujours saisi l'imagination. Toujours su qui était bon boxeur et qui, surtout, avait du charisme. Qui était payant. Il sent d'instinct qu'untel face à l'autre va attirer combien de spectateurs. Avant même que ledit combat ne soit mis sur pied, ou même annoncé. Ne se trompe pas souvent. Il s'est promené dans les hautes sphères de la boxe mondiale. A frayé avec tous les grands noms : Don King, Sugar Ray Leonard, Mohammed Ali, Cus Damato, Joe Frazier. Il a été à l'origine des plus gros *hits* de la boxe d'ici. Quand il a rempli les estrades du Forum et du Centre Paul-Sauvé, il travaillait seul. Il était le seul à aller au batte. Il a gardé la flamme de la boxe allumée pendant des décennies. A développé et enraciné la boxe au Québec. Mais on a tous des points faibles et Régis n'a jamais su prévoir les mauvais jours. À 65 ans, c'est un point faible qui coûte cher.

## Régis (suite)
DIFFUSION : 21 MAI 2002

Ce midi au chic Beaubien Deli, la presse est convoquée par le Seigneur des lieux : Régis Lévesque. Depuis que l'association de Régis et Interboxe s'est terminée, Régis vit des fins de mois désastreuses. Après avoir fait longtemps les beaux jours de la boxe québécoise, Régis avait accepté de s'associer à Interboxe, la même compagnie qui l'avait envoyé au tapis pour un compte de huit. Il s'est relevé et n'avait pas le choix : il abandonne ou il joint l'ennemi.

Conscient de la popularité de Régis, Interboxe n'avait pas intérêt à s'aliéner les disciples de la vieille garde. Ainsi, pendant quelques années, Régis était salarié d'Interboxe. C'était ça où la fin des émissions. Mettre Régis Lévesque sur une tablette, c'est vouloir transformer un chat de ruelle en un minou de salon. Impossible. Le jour même du mariage, on voyait venir le divorce. C'est vite arrivé.

Depuis, Régis a misé sur certains chevaux à l'Hippodrome et sur son propre personnage pour tenter de gagner son pain. Pas beaucoup de succès. Emprunté par deux humoristes plutôt qu'un, imité partout, il s'est dit que l'original pouvait peut-être bouffer dans sa propre assiette. Ça n'a pas marché. Il a passé une fortune dans les guichets de l'Hippodrome. Il ne lui reste pas beaucoup de chevaux sur lesquels gager son avenir. Un de ses chevaux est Stéphane Ouellet. C'est sur lui que Régis va miser ce midi. La vie distribue les talents à l'homme comme des cadeaux. La vie fait de celle-ci une chanteuse, de l'autre un golfeur, un humoriste ou un auteur. Mais quand la vie offre à un homme le talent de boxeur, ça ressemble beaucoup à un cadeau empoisonné. Grisant, la boxe, quand on est au sommet. Mais les chutes sont constantes. L'après-boxe est toujours un long calvaire.

Le talent du boxeur, c'est la capacité de transformer sa rage. La rage est un générateur d'énergie qui devient, chez les boxeurs, la matière brut de l'art de survivre. Sur un ring ou en dehors. Eddie Melo. Les Hilton. Gérald Bouchard. Mario Cusson. Carrières magiques, destins tragiques. Leur rage s'est retournée contre eux.

Le drame peut aussi emprunter d'autres chemins, comme le très long sur lequel Mohammed Ali marche depuis 10 ans. Une lente tragédie tracée par sa vie de boxeur.

Stéphane Ouellet sera *promoté* par Régis Lévesque. Deux figures éclatées du téléroman sportif québécois, main dans la main, tentant une autre remontée.

## Le jour de gloire de Daniel Blouin
DIFFUSION : 23 AOÛT 2001

Le signal du départ résonne dans le stade. Daniel Blouin, 22 ans, de Legardeur, est au milieu d'une vingtaine d'athlètes. C'est la finale du 3000 mètres steeplechase. Il est en pleine forme pour commencer. Trois mille mètres, c'est 7 tours et demi. À l'échelle nationale, Daniel est classé 10e au 3000 steeplechase. Il ne s'illusionne pas trop sur ses chances de médaille. Il espère quand même gagner quelques rangs. Un tour. Il est dans le peloton. Deux tours. Il est toujours dans le peloton. Il se sent comme au départ, encore tout frais tout léger. Et hop on saute par-dessus le trou d'eau. Trois tours. Quatre.

Il revoit dans sa tête les dernières années à l'Université de Sherbrooke. Toutes ces heures d'entraînement. Daniel est un top classé national dans le 5000 mètres aussi. Des heures, des jours, des semaines, des mois et des années à courir. Il n'est pas dans l'élite mondiale, mais au niveau canadien, il est dans la bataille. Cinq tours, il en reste deux et demi. Il est encore dans le lot. C'est sûr qu'il gagnera des rangs. C'est sûr qu'il battra des plus forts que lui. Il est encore fort et sent un relâchement chez quelques autres. Encore un tour à faire, il maintient la cadence. On presse le citron, 200 mètres. On vide le réservoir. Troisième ! Médaille de bronze ! Médaille de *fuckin'* bronze ! Il crie, il saute, il capote, puis il court vers ses amis dans les estrades.

Daniel est un incorrigible cancre. Le flyé de l'équipe nationale d'athlétisme. Dans son groupe, c'est toujours lui qui fait la niaiserie pour faire rire tout le monde. *The life of the party.* Quand arrivent les compétitions, ce n'est pas le bouffon qui se fait aller au milieu du cirque, c'est le spartiate qui s'entraîne comme dans l'Antiquité. Suant à grosses gouttes en faisant des cercles de 400 mètres à répétition. Dans les estrades, ses amis savent toute sa fébrilité. Ils crient.

« *Tes fesses ! Tes fesses ! Tes fesses !* »

Devant cette porte ouverte, le clown a montré le début de sa craque de fesse, provoquant l'éclat de rire et les cris. L'arbitre de la compétition, madame Elaine Lake ne rit pas. Elle se dirige vers lui, le disqualifie, lui retire sa médaille. Daniel est effondré. L'euphorie laisse place au désarroi.

« *C'était juste pour le fun, madame.* »

Ses coéquipiers sont en furie contre les officiels. Daniel écrit une lettre d'excuses de bonne foi, dans un anglais primaire. On s'en fout. *Out.* Il n'a pas pris de dope, il n'a pas triché, n'a enfargé personne, n'a pas montré de majeur. Un demi-pouce de craque de fesse. Son nom est effacé du grand livre de l'athlétisme canadien.

Quand Daniel sera un bon grand-papa comique, ses petits enfants voudront l'entendre 100 fois. S'il avait gardé son bronze, c'est lui qui leur aurait radoté l'histoire 100 fois, en les regardant bâiller. Mais là...

« *Grand papa, raconte quand t'as montré tes fesses! Envoye grand papa raconte. Raconte!* »

Beaucoup plus fort qu'une médaille de bronze.

## War Emblem

DIFFUSION : 12 JUIN 2002

Le sport n'a pas grand-chose à faire pour m'embarquer. Je me surprends souvent à regarder avec beaucoup d'intérêt toutes sortes d'événements sportifs. Je me laisse séduire par une partie de dards dans un pub écossais diffusé en reprise sur RDS.

« *One hundred and forty!* »

Il y a quelques exceptions. Je ne vois pas comment une compétition de gymnastique rythmique pourrait me faire vibrer, ou Réjean Tremblay tout nu avec des bas, ou une course de chevaux. Un jour, j'élaborerai sur la gymnastique rythmique et les bas de Réjean Tremblay, aujourd'hui je m'arrête sur le cheval. Aux USA, il y a annuellement une dizaine d'événements phares dans le sport. Le Super Bowl, le Final Four, la Série mondiale, le Masters, etc. Un des plus vieux événements est la Triple Couronne du turf. La triple couronne, c'est trois courses : le Derby du Kentucky, le Preakness et le Belmont Stakes. Il est arrivé 11 fois depuis 1919, et seulement 3 fois depuis plus d'un demi-siècle qu'un cheval gagne les trois courses.

En 1973, Secretariat.

En 1977, Seattle Slew.

En 1978, Affirmed.

Jamais je ne regarde ça. Mais en fin de semaine dernière, j'étais bien curieux de savoir ce qui allait arriver à War Emblem à la dernière des trois courses, le Belmont. War Emblem avait gagné le Derby du Kentucky et le Preakness, passant en quelques semaines de parfaitement inconnu à légende sur quatre pattes. Rick Reilly du

*Sports Illustrated* raconte... L'histoire concerne le géniteur de War Emblem, un cheval nommé Our Emblem. Our Emblem était un rejeton d'un cheval de très grande catégorie, un des étalons les plus productifs de l'histoire, Mr. Prospector. On prévoyait gloire et fortune à Our Emblem, mais il était pourri et n'a jamais rien gagné. Comme un fils héritier qui fout la fortune familiale dans le canal. On a décidé de faire de lui un étalon.

« *Tu veux pas courir ? Tu vas baiser.* »

Pourri en baise aussi, il a eu 33 rejetons et aucun n'a jamais rien fait. Our Emblem était une picouille dégénérée, la honte de la famille et de ses propriétaires, une ferme extrêmement riche de Clairborne Kentucky. On l'a offert à l'encan. Seulement un vieux couple d'éleveurs dans la soixantaine s'est montré intéressé. Le monsieur et la madame ont hypothéqué le peu qu'ils avaient et ont acheté Our Emblem, le *bum*, pour à peine plus qu'un sac d'avoine.

Mais il restait quelques bonnes gouttes de bon jus dans le citron de Our Emblem. Ses fils se sont mis à gagner. Un de ceux-ci, War Emblem, a gagné le Derby du Kentucky. Comme si le Burkina Faso gagnait la Coupe du Monde. Immédiatement, Our Emblem, l'étalon faiseur de champions qui était jadis considéré comme une sous-picouille, faisait l'objet d'offres au-dessus de quatre millions. Après sa victoire au Preakness, l'offre est passée à six millions et demi. Si War Emblem avait gagné le Belmont en fin de semaine, une seule des petites gouttes de son papa allait coûter presque 100 000 $. Millionnaires du jour au lendemain, Allan et Audrey Murray n'entendent pas se séparer de Our Emblem. Quand à l'étalon, il a le traitement royal. Dorloté, il a un minimum de trois partenaires de génétique à tous les jours.

Il s'apprête à battre la marque de Wilt Chamberlain, ex-joueur de basket étoile qui écrivait dans sa biographie avoir « connu » 10 000 femmes.

# Dale Earnhardt

DIFFUSION : 20 FÉVRIER 2001

Dans l'imaginaire sportif québécois, Dale Earnhardt n'existe pas. Pour les Américains du Sud, Dale Earnhardt est un dieu à bottes de cowboy, casquette *Goodwrench* et lunettes miroirs. Les courses de Stock Cars sont des messes pour des millions d'Américains. La Formule 1 n'a jamais su se cramponner sur la piste américaine. N'a jamais tenu la route, malgré plusieurs essais. L'IRL (Indy Racing League) fait mieux, mais doit se contenter de la banquette arrière dans le char des amateurs à moteur, *south of the border.*

Pour l'Américain blanc du Mississipi, de la Louisiane et des Caroline, une course de chars, ça doit se faire dans un char. Pas au volant d'une machine qui a plus l'air d'un missile Cruise que d'une auto. Pour un Américain, c'est le chauffeur qui doit faire la différence. Pas la mécanique, les pneus ou l'ingénieur. Le pilote est la pièce maîtresse dans une course. Pour eux, le champion annuel de la Winston Cup livre la marchandise. C'est le meilleur chauffeur. C'est celui qui a le plus de couilles.

Dans la saison de NASCAR, il y a une quarantaine d'épreuves. Certaines d'entre elles plus prestigieuses que d'autres. Comme le Masters au golf, le Final Four au basket universitaire ou la Série mondiale au baseball, l'épreuve maîtresse de NASCAR, c'est le Daytona 500. Dale Earnhardt a déjà gagné le Daytona 500. Dimanche le 18 février 2001, il en était à son 23$^e$ départ. Earnhardt était une légende vivante : 76 victoires en Nascar, 7 championnats de la Winston Cup, 40 millions de dollars en bourses. Dale Earnhardt, c'est Jack Nicklaus, c'est Larry Bird, c'est Johnny Bench. Il a marqué de son vivant la scène du sport comme peu d'athlètes. Il est entré dans la légende comme aucun athlète ne l'a fait avant lui.

Son ultime salut en est un qui tient de l'impossible, de l'inimaginable. Un scénario sur les stéroïdes.

Entrons dans sa peau, pour les 30 dernières secondes de sa vie.

« *Je suis au volant de ma fameuse Chevrolet noire nº 3. Celui qui mène, devant, c'est Michael Waltrip. Il conduit une voiture de mon écurie, c'est mon poulin. En deuxième position, mon fils, Dale Jr. Une attaque vient derrière moi. Je dois protéger mes hommes. Manœuvre. Je bloque la voie à Sterling Marlin, Rusty Wallace et Ken Schrader. Marlin me touche, je dérape, Schrader est dans ma porte à droite.* There's the brick wall... *Je m'envole. Du haut des airs, je fais le tour de cette foule qui regarde ma voiture au devant défoncé, ou celle de Waltrip qui a gagné. Il fait beau. Deux cent mille personnes applaudissent la victoire de mon homme. Ils regardent ma voiture, qui n'est pas si maganée après tout. Je vois ma femme. Je suis bien. Quelle fin de film. Le dernier tour de la plus grande messe de l'année, dans ma cour. Sur ma piste. Devant mes ouailles. Je n'ai jamais connu la souffrance. Juste le succès et la gloire, l'adulation et les tapes dans le dos.* »

C'est directement au-dessus de son royaume et en pleine gloire, en ce dimanche de février 2001 que l'aigle s'est envolé.

## Tony Hawk

DIFFUSION : 14 JANVIER 2004

Il y a quelques jours, le *Journal de Montréal* nous offrait une autre étude sur les fortunes colossales amassées au cours de la dernière décennie par les athlètes professionnels. On s'habitue à tout. De savoir qu'un athlète touchera cette année 5 ou 10 millions ne renverse plus personne. D'ici cinq ans, les pronostics indiquent que Tiger Woods deviendra le premier milliardaire du sport. Une faible partie de ses revenus aura été gagnée sur le terrain de golf. La grosse partie, c'est les revenus publicitaires.

On connaît les noms qui figurent sur la liste. Les athlètes les plus riches sont aussi identifiables que les vedettes du cinéma et de la chanson. Qui ne connaît pas Tiger, ou Michael Jordan, ou Alex Rodriguez ? Ou Mario Lemieux ou Jos Sakic ou Patrick Roy. Ou Tony Hawk. Qui ? Comment vous dites ? Tony qui ? Tony Hawk. Je ne sais pas si ma réalité croise la vôtre, mais Tony Hawk rejoint plus mes fils que n'importe quel autre athlète. Tony Hawk est à son sport aussi gros, même plus, que Tiger Woods est au golf. Son sport, c'est la planche à roulettes et les patins à roues alignées. S'il était né au nord de la frontière plutôt qu'à San Diego, il serait aussi le roi de la planche à neige. Tony Hawk n'a pas 19 ans, il aura bientôt 36 ans. Il est encore au sommet de son art. Pour les jeunes amateurs de sports extrêmes, de *skate park* et de *half pipe*, Tony Hawk, c'est Dieu.

Il a commencé à s'amuser sur la planche à roulettes à neuf ans. Il pratique donc son sport depuis plus d'un quart de siècle. C'est lui qui a tout inventé. Les adeptes de sports extrêmes, version planche ou patins à roulettes, lui doivent plus d'une centaine de trucs de toutes sortes. Les athlètes professionnels que l'on voit en compétition sur ESPN sont tous d'accord : c'est Tony Hawk le plus grand, c'est lui qui a tout le talent, toute la créativité, toutes les idées, plus folles et dangereuses les unes que les autres. Il y a 12 ans, Tony Hawk était au bord de la faillite. Aujourd'hui, les choses ont bien changé. Grâce à son charisme et à son dynamisme, les roulettes sont passées de la marge à la vague. Il y a plus de jeunes de moins de 16 ans aux États-Unis et au Canada qui ont roulé en patins ou sur une planche que de jeunes qui ont joué au hockey ou au base-ball. L'agence de cybermarketing spécialisée pour les ados, Alloy, a fait un sondage de popularité duquel Tony Hawk est sorti grand gagnant, avant Woods, Lebron James ou Derek Jeter.

Tony Hawk fait aussi des sous. En 1992, il prenait une deuxième hypothèque de 40 000 $ sur sa maison pour partir la compagnie Birdhouse Skateboards. Douze ans plus tard, Hawk a des revenus évalués entre 10 et 15 millions par année et ses diverses compagnies ont un chiffre d'affaires combiné de 250 millions de dollars. On l'a vu partout. Chez Letterman, Leno, ESPN, TSN, avec Bart Simpson. Il a joué dans 100 films et produit autant de cassettes, de DVD et de jeux d'ordinateurs, de gammes de vêtements, de casques. Pour en savoir plus sur un autre multimillionnaire du sport, allez sur son site : <www.tonyhawk.com>.

# Saint-Germain-de-Grantham

DIFFUSION : 16 NOVEMBRE 2004

Vous allez vite comprendre de qui je parle. Vous le connaissez, mais pour le fun je ne vous dirai pas son nom tout de suite. C'est un homme. Le meilleur artiste, toutes catégories, des 25 dernières années au Québec. Un excellent être humain, un athlète et un maniaque de sport. La première fois que je l'ai vu, j'étais le valet de Jean-Pierre Coallier sur un *talk-show* de fin de soirée à TVA, lui était acteur dans *Chambre en ville* sur le même réseau. On se reconnaissait sans se connaître. En 1993, je travaillais à une autre station radio de la région, je l'avais accueilli comme invité. C'est là que j'ai découvert le maniaque de sport. Il m'avait vanté les mérites du gardien Arturs Irbe, alors à ses premières saisons avec les Sharks de San José. Pour savoir que Irbe venait de l'équipe russe de Riga et était très performant, fallait être maniaque.

Je ne m'attendais pas à ce que Gregory Charles soit un maniaque de sport. Quelques années plus tard, on s'est croisés sur le plateau d'une autre émission de télévision et, cette fois, on a jasé un peu plus. De son goût et de sa volonté féroce de gagner et de ne jamais perdre. Mais de toujours jouer selon les règles. Surprise, quelques semaines plus tard, il me demande de collaborer à l'écriture du Gala des prix Gémeaux, version de l'après-midi. Je lui demande un peu de temps pour réfléchir.

« *Ok, vas-y réfléchis, je t'attends.* »

Il reste au téléphone. Au bout de 10 secondes, il me demande...

« *Pis, as-tu réfléchi ?* »

J'ai ri et j'ai accepté.

Il est arrivé chez moi deux semaines plus tard pour qu'on commence à coucher sur papier le concept du Gala.

On a vite laissé tomber le Gala pour parler de baseball, de jazz et de mathématiques. Une conversation qui a duré quelques heures et a été révélatrice. C'est là, en 2002, que j'ai constaté que son cerveau n'était pas un cerveau ordinaire. Que son disque dur était plus puissant que tout ce que j'avais connu avant. Le Gala s'est bien déroulé et, l'année suivante, il animait le Métrostar et m'a demandé de collaborer avec son comparse Denis Bouchard.

Entre temps, j'ai vu, avec lui, des matches des Canadiens au Centre Bell, où j'ai rencontré son papa Lennox et sa maman Pierrette. Lennox, né à Trinidad, a étudié à San Francisco dans les années *Peace and Love*, et Pierrette est née à Saint-Germain-de-Grantham en Montérégie. Lennox est un maniaque de hockey et un vieux partisan des Giants de San Francisco des années « M ». Mays, McCovey, Marichal. L'homme le plus proche du bon Dieu à qui j'ai un jour parlé. Puis j'ai vu son spectacle *Noir et Blanc*, inspiré de son vécu et de ses croyances. Je l'ai vu trois fois et trois fois j'ai été foudroyé.

Je vous ai déjà parlé de ma définition du bonheur ? Le bonheur n'est pas une grosse affaire, mais une toute petite chose qui passe vite. Un instant qu'il faut saisir. Gregory m'a donné une minute de bonheur en fin de semaine dernière. Juste avant la première de sa série de spectacle à New York, il m'a laissé un message. C'était vendredi soir. Je ne l'ai entendu que dimanche matin.

« *Salut Christian. Je suis dans mon hôtel. L'hôtel Roosevelt à New York. Je viens de réaliser que Roosevelt était le nom du milieu de Jackie Robinson. Ça m'a fait penser à toi. Dans quelques heures, je serai sur scène à New York. Je suis sûr que tu penses à moi. Bon week-end à toi et ta famille.* »

Il avait raison, cet athlète de la scène qui jogge tous les matins le long du canal Lachine. Je pensais à lui. Hier à la télé, c'était unanime. Son aventure new-yorkaise n'est que le début. Victoire sur toute la ligne. Bravo Greg.

## Phillipe Petit
DIFFUSION : 27 JANVIER 2004

Je ne veux pas me souvenir à quelle occasion, mais mon éternel amour m'a offert, la semaine dernière, un DVD. L'an dernier, j'avais acheté un documentaire de 14 heures intitulé *New York, a*

*Documentary*, qui retrace depuis le début, en 1604, l'histoire de la mégalopole américaine. Une petite île devenue le nombril du monde. Depuis l'arrivée en bateau de bois de quelques marchands et aventuriers hollandais jusqu'à l'an 2000. Or, le 11 septembre 2001 n'était pas arrivé quand le documentaire a été publié. À la suite des événements du World Trade, le réalisateur Ric Burns a donc ajouté un autre chapitre. Exclusivement réservé aux deux tours géantes. De leur naissance, dans la tête de Nelson et de David Rockefeller, jusqu'à leur anéantissement. Et après. Vingt ans à construire, 10 secondes à détruire.

Mais qu'est-ce que cela a à faire avec le sport? Vous allez voir. Les tours du World Trade, depuis le tout début de leur conception, étaient beaucoup plus un sujet de discorde qu'un objet de fierté des New-Yorkais et des Américains. Les critiques d'architecture de New York ont ragé contre elles, des petits marchands ont perdu leur commerce et ont été cavalièrement balayés pour laisser la place à ce que la majorité des gens considéraient comme deux masses sans âme. Les mouvements sociaux et tout le monde avaient une raison de détester les tours. En bonus, c'était la fin des années 1960. Le temps était à la contestation, alors, ça contestait. En 1972, le travail était complet et la face de Manhattan avait changé complètement. Mais les milliers de tonnes de métal et de béton érigés plus haut que tout le reste levaient le cœur du peuple. Il apparaissait scandaleux que ces deux grandes masses carrées aient remplacé le superbe Empire State Building au toit du monde. Un quart de mille dans le ciel.

Puis le matin du 7 août 1974, tout a changé. Grâce à un athlète français parfaitement inconnu du nom de Phillipe Petit. Petit avait 24 ans. Il avait quitté Paris en début de janvier avec un rêve en tête. Quand il est sorti de la station de métro du World Trade et qu'il s'est retrouvé au pied des deux géants, un mot lui est venu en tête, le mot impossible. Il a alors grimpé jusqu'au toit, a regardé du haut des tours toute la ville qui s'étendait en bas, et le même mot lui est venu. Impossible. Mais en redescendant en bas, il avait changé d'idée. Ce n'était pas impossible. Au cours des huit mois qui suivirent, Philippe Petit et deux de ses amis sont retournés en haut trois et quatre fois par semaine. Toutes les fois usant de subterfuges différents.

Puis, il s'est fait passer pour un journaliste européen mandaté pour écrire un article sur les tours, il a obtenu un permis de s'y promener un peu plus facilement. Dans la nuit du 6 août, ils y sont allés, tous les trois. Un petit groupe dans la tour nord, les trois amis sur le toit de la tour sud. Ils avaient, avec eux, dissimulé dans des boîtes, 200 pieds de câbles d'acier d'un pouce de diamètre, un arc et quelques flèches. Ils ont pris toute la nuit pour passer le câble d'acier d'une tour à l'autre. À neuf heures, le matin du 7 août, à l'heure où Manhattan s'active tout en bas, Philippe Petit a pris une longue perche et a marché sur le fil d'acier d'une tour à l'autre, effectuant huit allers-retours. Tout en bas, des dizaines de milliers de personnes regardaient, incrédules, le jeune athlète français marcher, danser, s'étendre, s'agenouiller et chanter sur son fil de fer, un quart de mille dans les airs, sans filet, sans harnais, sans rien.

Ce jour-là, le jour où un homme a dominé les tours, le World Trade Center est entré dans le cœur de tous les New-Yorkais. Philippe Petit a été accusé sous 14 chefs, a été gracié le lendemain par le maire de la ville. Il a aujourd'hui 54 ans et n'a jamais plus quitté New York.

## Yvon

DIFFUSION : 21 FÉVRIER 2005

Hier matin, quel beau dimanche ensoleillé. De ce type de matin d'hiver qui nous force à réaliser qu'après tout, la saison froide, ce n'est pas si pire. Je revenais de l'Hôpital Saint-Eustache et je pensais à Patrice Brisebois. Pauvre Patrice. S'il savait le nombre de fois que je suis monté aux barricades pour le défendre, s'il savait combien de fois je me suis amicalement engueulé avec Yvon à son sujet. J'étais toujours du côté de Patrice. Pour Yvon, c'était toujours la faute à Brisebois. Toujours. Je charrie à peine en disant que, même si Patrice était assis sur le banc, c'était de sa faute. Si les Alouettes perdaient, Brisebois était sûrement dans les estrades. La faim dans le monde : probablement que Brisebois en était en partie responsable, aussi.

Yvon mettait tout sur le compte de Patrice Brisebois. Je n'ai jamais su d'où ça venait. Peut-être une passe interceptée à son premier match qu'Yvon n'avait pas digérée. Yvon n'était pas méchant, mais ça lui prenait son souffre-douleur. L'été, ça lui prenait aussi son responsable chez ses Expos. La plupart du temps, ça tombait sur le gérant. Frank Robinson avait le dos large depuis trois ans. Mais le hockey n'avait pas d'égal. Même quand les matches étaient plus plates qu'une soirée de poésie nouvelle en polonais avec violoncelle. Yvon était indécollable de sa télé. Partisan de la sainte flanelle pour la vie.

Samedi dernier, en fin d'après-midi, je suis passé chercher Yvon et Françoise pour aller au cinéma à l'AMC Forum. Françoise est la mère de France, ma belle-mère. Yvon est son conjoint depuis plus de 30 ans. Il est dans mon cercle rapproché depuis que je suis avec France, bientôt un quart de siècle. C'était la première fois qu'il mettait les pieds au Forum depuis qu'on l'a converti en complexe de cinémas. Il reste quelques vestiges du glorieux Temple. Le double sigle des Canadiens du centre de la patinoire. Des bancs qui sont demeurés là. Une photo de l'équipe des Canadiens, version 1958-1959. On s'est arrêté devant la photo et j'ai dit à Yvon : « *Identifiez-moi tous ces joueurs-là.* » Je suis le roi des *quiz*. Il a manqué son coup sur trois joueurs. N'a pu identifier le célèbre Ian Cushenan, le fabuleux Ab Macdonald et l'inoubliable Junior Langlois. Il a reconnu tous les autres. (Je ne le dis pas, mais moi, je les ai tous eus...) Yvon me racontait qu'il venait au Forum voir le Royal Montréal de la défunte Ligue senior, surtout quand ils affrontaient les As de Québec, et leur valeureux capitaine, Jean Béliveau, l'as des As, avant qu'il n'arrive à Montréal.

« *Le Forum était plein et ça hurlait,* m'a-t-il dit. *Encore mieux que le gros Canadien...* »

Après le cinéma, nous sommes allés manger une soupe tonki-
noise sur la Catherine. Puis, on est revenu chez nous. J'ai déposé
Yvon et ma belle-mère chez eux. Il a mis ses habits de nuit. Il a
regardé un peu de télé et s'est installé à l'ordinateur pour l'affronter une millième fois dans une épique partie de cœur.

Il s'est couché. Dans la nuit de dimanche, à cinq heures du
matin, le cœur d'Yvon s'est arrêté. Dans la nuit de dimanche, à
cinq heures du matin. Comme ma petite, il y a bientôt 20 ans. Bon
voyage Yvon. Je saluerai Brisebois pour vous.

Chapitre III
# N° 9, Maurice Richard

## Un homme ordinaire est mort

DIFFUSION : 29 MAI 2000

L'homme ordinaire est mort. Celui qui parlait la langue des humbles. Celui qui les faisait grandir. Tous ceux trop pauvres pour les études classiques et les vies de médecin ou d'avocat. Trop catholiques pour les affaires.

Tout ceux que la Crise des années 1930 a forcé à abandonner l'espoir, parce que c'est aujourd'hui qu'il fallait manger. Des enfants de 12 et 14 ans ont laissé l'école et ont travaillé parce que la famille avait faim. Tous ceux qui ont grandi en regardant le petit pain qu'il y avait sur la table. Engraissés au complexe d'infériorité. Celui-ci a dit à toutes ces petites gens qu'ils étaient beaucoup plus. Personne n'a à baisser la tête devant ceux qui l'avaient plus facile. Maurice Richard a poussé dans le dos de celui qui ne parle pas beaucoup, de celui qui est timide, de celui qui préfère le dernier banc que le premier à l'église du dimanche. Maurice a forcé toute une génération à se regarder dans le miroir et à y voir quelqu'un. Maurice est mort.

Pour sortir le Québec de ses complexes, il a fallu que quelqu'un prenne l'affaire en main. Que quelqu'un marche en avant de la parade. Que quelqu'un rassemble. Maurice Richard n'avait pas de discours, pas de mots et ne se sentait investi d'aucune mission. Il avait un bâton de hockey, des vieux patins de cuir et la conviction animale qu'il *devait* gagner. C'est en écoutant Michel Normandin décrire les matches des Canadiens à la radio que le Québec des années de guerre a connu Maurice. Le Québec apprenait surtout à se connaître lui-même et à constater sa force, son talent, son pouvoir. Quand l'ennemi a touché au chef en 1955, le Québec a tout cassé sur Sainte-Catherine. À une époque où participer à une émeute n'était pas un party mais un péché mortel.

Maurice n'a jamais quitté son milieu. Il n'a jamais dévié de sa route ou de sa nature. Surtout pas quand il y avait un gros défenseur des Bruins de Boston devant lui. Félix Leclerc, un homme ordinaire, a fait résonner nos mots, et son écho est encore perceptible. René Lévesque, un homme ordinaire, nous a fait croire en nous. Il nous parle encore. Maurice Richard, un homme ordinaire, a dit aux gens humbles qu'ils existaient et que leur valeur n'avait de limites que celles qu'ils s'imposaient eux-mêmes.

Qui est le prochain? Il n'y aura pas de prochain. Avec la disparition de Maurice Richard, l'écriture du livre des grands hommes d'ici est terminée. Ce qui ne veut pas dire qu'il nous faut le fermer. Faudrait le lire, maintenant.

## La photo au salon
DIFFUSION : 30 MAI 2000

On a tous un salon à l'intérieur de nous. Un salon aux murs pleins de photos. Il y a la photo de nos enfants et de nos parents, de nos frères et sœurs. Il y a aussi la photo des amis, des amours de jeunesse. Des partenaires d'affaires. Ou de golf. Des collègues de bureau. Chaque Québécois a la photo de Maurice Richard dans son salon.

Pour les aînés, c'est une photo en pleine action, vibrante. Une photo dans le présent. Maurice est dans le journal, Maurice est à la radio. Il est le sujet des conversations de pause-café. À l'usine et dans les bureaux d'avocats. Ses exploits influencent l'humeur de la population.

Ses échecs sont des nuages et ses gloires ramènent le soleil. On s'enquiert de ses gestes de la veille, comme du temps qu'il fera demain. Maurice Richard est dans la couleur du jour, tous les jours. Il donne à chacun une raison d'aimer la vie, une raison d'être fier. Il arrondit les coins trop carrés de nos vies. Il conquiert les autres cités. Il ouvre la voie. Il s'appelle Maurice, il parle français.

Pour la plupart d'entre nous, Maurice Richard, c'est une photo du passé. Un homme qui a l'air d'un oncle. Des reprises en noir et blanc, toujours les mêmes. Pour la plupart d'entre nous, il est le héros d'un conte. Celui que m'a dit et redit mon père. Celui que m'a dit et redit mon oncle. J'ai entendu mille histoires de Maurice Richard. Chaque fois, le conteur était différent, avait un autre angle, une nouvelle tournure, un fait d'arme original. Mais le héros était toujours le même.

Chaque Québécois a la photo de Maurice Richard dans son salon.

Il arrive très peu souvent qu'un individu transcende son art. Qu'un individu devienne autre chose que ce pour quoi il était destiné. Maurice Richard était en son temps le meilleur joueur de hockey au monde. Comme tous ceux qui ont été un jour les meilleurs joueurs de hockey au monde, la véritable domination sur la glace n'a probablement duré que cinq ou six ans. Dans son cas, la gloire et la fascination dépassent le jeu. Passent par-dessus les bandes, ne se limitent pas à une rondelle bien visée entre les jambières de Turk Broda avec Bill Ezinicki sur les épaules. La gloire et la fascination se rattachent à plus que ça. Elles se rattachent à la conviction qu'il a instaurée en nous. La conviction que nous pouvons gagner.

# Maurice et le bon Dieu

DIFFUSION : 31 MAI 2000

Il y a quelques dizaines de personnes dans la salle d'attente. La plupart sont des gens âgés. Une fois de temps en temps, un monsieur entre dans la salle, regarde sur une liste qu'il a avec lui et appelle le prochain.

*« Maurice Richard. Le bon Dieu va vous recevoir. »*

D'un bloc, comme il l'a fait toute sa vie, Maurice a marché jusque dans le bureau du grand patron. Il s'est assis. Le bon Dieu a sorti son dossier. Deux heures plus tard, il y avait une pile ça d'haut sur le bureau. Après examen exhaustif du dossier, il a remis son bulletin au Rocket : 99 sur 100. Il a réussi sa vie.

Le bon Dieu a justifié sa note de 99 en comptant les dizaines de millions de fois que le Rocket s'est fait dire « Je t'aime ». Toutes les fois où une personne l'a applaudi. Que ce soit le plus éloigné des spectateurs au Forum, que ce soit dans le salon, seul ou en famille, dans une taverne, dans son char à la radio, au Madison Square Garden ou ailleurs. Toutes les fois où quelqu'un a applaudi un but, un jeu, une déclaration, une présentation, c'était un « Je t'aime » de plus qui se rajoutait sur le lot. À 10 cennes le « Je t'aime », monsieur Richard aurait acheté Bill Gates.

Le bon Dieu a aussi justifié sa note en soulignant la façon avec laquelle le bienheureux a accueilli le flot d'amour qui lui a coulé dessus pendant presque 80 ans. Il a regardé sa famille, ses enfants, ses deux épouses, ses amis. Le bien qu'il a fait à son entourage, le message sans mots qu'il a véhiculé. Il a mesuré l'influence qu'il a eue sur des millions de personnes. Il a regardé les reprises télévisées, relu les articles retraçant sa carrière, revu ses buts spectaculaires, en bondissant de son siège de bon Dieu. Il a regardé ses mains grosses de même. Il a rajouté : *« Monsieur Richard, je vous donne aussi 99 parce que vous connaissez bien le chiffre 9, non ? Et je vous donne 99 parce que si je vous donne un point de plus, vous me volez ma job. »*

Il s'est levé, lui a serré la main vigoureusement, et lui a offert la plus belle place. La mémoire des autres.

# La vie en trois actes

DIFFUSION : 1ᵉʳ JUIN 2000

Qui se cache derrière la vie ? Qui tire les ficelles ? Les événements de la semaine ont jeté un éclairage nouveau sur ma propre petite existence. M'ont forcé à nouveau à me poser la question fondamentale de la vie, qui est : Est-ce qu'on a une autre vie après ?

Voici les faits.

## Acte I

La semaine dernière, vous vous en souviendrez peut-être, je disais que mes maniaques favoris étaient les maniaques de pêche. Qu'ils venaient de partout, de toutes les sphères, les riches et les pauvres, les gueux et les étudiants, les vieux ou les vedettes, vous vous souvenez ?

Mardi le 23 mai dernier, dans ma voiture à cinq heures du matin, ça arrive : une vibration me dit de parler de pêche. Je ne connais rien à la pêche. Une coche en bas de rien. Par contre, je suis un expert en maniaques. Des maniaques de pêche, il y en a partout. À huit heures, donc, j'en parle.

## Acte II

La mort du Rocket. Les mots qu'on a entendus depuis toujours au sujet du Rocket. Fougue, détermination, désir de vaincre, implacable, simplicité, humilité et les autres sont ressortis multipliés en nombre, en intensité et en conviction. Un mot qui revenait aussi très souvent était le mot « pêche ». On a entendu, plus d'une fois, que le refuge du Rocket était la chaloupe. Le Rocket à la pêche. Loin de sa foule, des journalistes, des micros tendus, des gros flashs au kérosène. Loin dans un silence, à peine froissé par le *tchik-a-di-di-di* d'une mésange à tête noire, ou du cliquetis de la cascade cachée là-bas. Avec un chum. En train de digérer sa gloire et de prendre son souffle. Héros d'une nation, ça prend un bon souffle. Le Rocket à la pêche. Le repos du guerrier.

**Acte III**

Hier, dans tout ce qui s'est dit à l'Église Notre-Dame, la ligne dont on se souviendra est venue de monseigneur Turcotte.

*« Bon repos, Maurice, bonne pêche. »*

Et la finale qui me force à croire que le bonheur éternel est un concept plus près de la réalité qu'on pense, c'est Rocky Brisebois. Le plus coloré, le plus intéressant, le plus loufoque et créatif de tous les commentateurs sportifs de l'histoire de la radio québécoise. Un des plus cultivés et des plus savants. Ce n'était pas tant les opinions de monsieur Brisebois qui comptaient, c'était la façon. Le théâtre. Le personnage. Ce n'était pas le nombre de buts du Rocket qui comptait, c'était le style, c'était la façon.

Rocky et le Rocket.

Le jour des funérailles de Maurice Richard, Rocky Brisebois, discrètement, s'éteint lui aussi. Quand il ne gueulait pas, qu'il ne répondait pas à des auditeurs, qu'il n'écrivait pas son commentaire pour la radio et son article pour le journal, quand il n'était pas au téléphone avec un notable ou un autre, ou dans une conférence de presse ou dans un studio.

Quand il fuyait, vous savez où il allait ?

À la pêche.

Et vous savez avec qui ?

Et oui. Avec Maurice Richard.

Il y a une semaine, la vie m'a dit : *« Parle des pêcheurs. »*

Par hasard ? Le hasard a le dos large, mais pas tant que ça.

# Émeute

DIFFUSION : 17 MARS 2004

Il y a 49 ans aujourd'hui, le logo des Canadiens s'imprimait à tout jamais dans le cœur de la population de Montréal. Les partisans des Canadiens étaient fiers et fidèles, mais en ce 17 mars 1955, on changeait de palier. C'est dans la douleur et la violence que le Canadien et ses partisans se sont fondus l'un dans l'autre à tout jamais. À une époque où le Canadien français était paisible et retenu, docile et silencieux. Où le Canadien français se contentait d'aimer ou non sa job, sa famille et son bon Dieu. Marchait dans le rang. Il n'y avait pas de place pour la révolte, ni dans sa morale ni dans sa culture. Il n'y avait pas de place pour les cris. Jusqu'au 17 mars 1955, un jeudi.

Commençons par le commencement.

Dimanche le 13 mars, le Canadien était en visite au vieux Garden de Boston. Il restait quatre matches à jouer dans la saison. Maurice Richard, le meilleur joueur de hockey au monde, allait dans quelques jours remporter le championnat des compteurs pour la première fois de sa grande carrière. Partout où il jouait, on assignait un couvreur au Rocket, avec les Bruins, ce couvreur s'appelait Hal Laycoe. Tous savaient comment s'y prendre pour déconcentrer la vedette des Canadiens. Deux armes nécessaires : la langue et le bâton. Laycoe avait passé la soirée à insulter Richard, et comme le Rocket arrivait quand même à contrôler ses états d'âme, Laycoe a sorti l'autre arme et lui a asséné un coup de bâton. Richard s'est immédiatement vengé. S'en suivit un duel. Les gants ont tombé. Richard avait le front ouvert et était aveuglé par le sang. Le juge de ligne, Cliff Thompson, a alors empoigné Richard pour le calmer. Laycoe en a profité pour frapper Richard immobilisé. Hors de contrôle, le Rocket frappe l'officiel Thompson et est expulsé du match.

Le lendemain, la sentence du président Clarence Campbell, unilingue anglophone, est prononcée : Richard est suspendu pour les trois derniers matches de la saison et pour les séries éliminatoires. Laycoe est blanchi.

Le jeudi 17 mars au Forum, le Canadien reçoit les Red Wings de Detroit. Le président Campbell, faisant fi des recommandations du maire Jean Drapeau, se rend au Forum avec sa blonde et secrétaire pour assister au match. Il avait mal évalué la colère du peuple. Pour la première fois de son histoire, le peuple a crié non. Le peuple a crié non et a perdu le contrôle de ses émotions. À la fin de la deuxième période, Campbell était toujours bien assis et les Red

Wings menaient 4-1. Un spectateur, laissant croire aux policiers qu'il était un sympathisant anglophone, s'est approché de Campbell et lui a donné une claque au visage. On lui a lancé des tomates, des oranges, des caoutchoucs, des œufs, jusqu'à ce qu'il quitte, escorté. Une bombe lacrymogène a explosé. Le chef des pompiers de Montréal, Armand Paré, a ordonné qu'on évacue le Forum. À l'extérieur, 10 000 révoltés s'ajoutaient aux spectateurs déjà sur place. Les vitrines ont éclaté, les incendies ont été allumés, des voitures de police ont été renversées. La révolte a duré une partie de la nuit et les dégâts se chiffraient à plusieurs centaines de milliers de dollars. Il a fallu une intervention de Maurice Richard lui-même pour calmer les esprits.

Il y a 49 ans aujourd'hui, le sigle CH se fondait pour l'éternité dans le cœur de ses partisans. Et le Canadien français apprenait pour la première fois que crier, lever le poing et dire non, c'est pas péché et ça fait du bien.

Chapitre IV
# Hockey

## Cher papa fictif

DIFFUSION : 13 DÉCEMBRE 2001

« *J'espère que tu me chicaneras pas quand tu seras rendu à la fin de ma lettre. C'est très très difficile pour moi d'écrire cette lettre. Mais, même si j'ai un peu peur, genre, que tu me dises de pas regarder les* Simpson *pour un ou deux mois ou que tu dises à maman de pu me faire des carrés Rice Krispies, il faut que je fasse un homme de moi et que je m'exprime le fond de mon idée. J'ai fouillé et j'ai trouvé mes cadeaux. Je dis pas que je suis full découragé, mais j'ai avalé un peu de travers. Pour un gars de huit ans, un hockey de Peter Forsberg et des gants professionnels et des nouvelles pads et un casque pareil comme Saku, c'est des cadeaux qui coûtent cher. 100 piasses, au moins. Alors, dans ce sens-là, je suis content que tu aies dépensé parce que c'est comme ça que je sais que tu m'aimes dans le fond. Donc, finalement, je vais te dire merci pareil.*

« *Ce n'est pas que j'aime pas jouer au hockey, mais on dirait que à cause que je joue au hockey, tu changes et tu as de l'air malheureux et tu n'es plus pareil que comme avant. On dirait que le hockey est un sujet sérieux et qu'il faut pas niaiser avec ça. C'est difficile pour moi de comprendre comme tu me le dis mais je suis tanné. Quand tu attaches mes patins dans ma chambre des joueurs, je sais que tu me donnes des conseils pour mon bien, quand tu me dis de patiner la tête en l'air même quand j'ai la puck, c'est pour mon bien, mais je suis pas capable. Je dis pas que tu n'as pas raison, mais j'essaye et je suis pas capable. Même chose quand tu me dis de patiner plus longtemps et plus vite, j'essaye mais je suis fatigué. Quand tu me dis de shooter dans les coins et que je shoote à côté ou que je passe dans le beurre, je comprends que tu es un peu découragé, c'est tout des excellents conseils. Mais je suis pas capable. Si tu me le disais juste dans ma chambre des joueurs, peut-être que je réussirais à faire mon mieux, mais quand je t'entends me le crier dans l'aréna devant les autres, ça me fait comme, genre, mal aux oreilles. J'ai le goût de pleurer, mais je suis pas capable. Quand tu gosses l'arbitre parce que tu trouves qu'il triche, je me dis que tu es de mauvaise humeur à cause de moi. Je sais que tu voudrais que je vienne un genre de Sakic ou Lecavalier avec une grosse auto et des cadeaux pour maman pis toi, mais quand le samedi matin arrive et que je sais que je dois aller à l'aréna, j'ai comme pas hâte et même que j'ai le goût de pleurer. Je suis mal à l'aise dans ma gorge.*

*« Je vais garder quand même mes cadeaux de hockey. Ou tu peux les vendre ou les donner à un petit pauvre, mais j'aimerais que tu sois comme avant. Si tu veux, je vais pas regarder les Simpson cette semaine. Et si tu veux le savoir, je te dis ça et c'est difficile, surtout quand j'ai peur que tu m'aimes moins. Parce que moi, je t'aime pas moins.*

*« Ton fils. »*

## Le *momentum*

DIFFUSION : 29 AVRIL 2002

Un beau mot qui est devenu très populaire dans le monde du sport, sur le bord de devenir un cliché. Qu'est-ce que le *momentum*? Le *momentum*, c'est un état de grâce, une récompense. Quand le sort décide que les éléments de la vie te seront favorables. Que ton cul sera béni. La chance provoque la victoire qui provoque la chance qui provoque la victoire qui provoque la chance. Le mot «chance» est un mot très séduisant. Étrange qu'ici au Québec le mot «chance» ait choisi son synonyme en s'inspirant du pire mot. Ici, la chance, c'est de la marde. Être chanceux, c'est être mardeux. Hmm.

Avoir le cul béni par le hasard. Le même très injuste hasard récompense arbitrairement du monde et en punit d'autres? Pour rien? Juste de même? Pas sûr de ça. Pierre frappe une balle de golf qui s'en va directement contre un arbre. La vie va décider quel côté de l'arbre la balle va frapper. Ça dépend de qui ou de quoi? Le *momentum* va trancher. Voici sa logique. Si Pierre est de bonne humeur, si la vie est bonne et belle pour lui, si madame est chaleureuse par le temps qui court, si son chien lui apporte son journal et son café, la balle va frapper le bon côté de l'arbre et se retrouver dans le milieu de l'allée. Le *momentum* est attiré par le bonheur.

Martin est grippé et maussade, il va frapper le même coup, mais sa balle va cogner le mauvais côté du même arbre et se retrouver dans le bois. Rajoutant une couche à sa souffrance intérieure. Estie de *momentum*. Une balle de tennis touche la ligne ou ne la touche pas, ça dépend de l'humeur et de l'attitude du joueur. Juste à cause de la condition mentale d'un Martin Brodeur et de son attitude, ses poteaux mesurent un centimètre de plus, ses réflexes sont 0,02 seconde plus vifs. Pour Théo, ce peut être le contraire. Le *momentum*, c'est un bonus. Il faut le mériter. Théo est plein de talent, plein de possibilités physiques et il comprend son métier. Il aime sa job. Sa plus grande force, il l'a prouvé souvent: c'est un travaillant, un bûcheux, une tête de cochon. Son bonheur arrive au bout de l'effort, comme bon nombre d'athlètes. S'il perd ça de vue, il est cuit. Le *momentum* va aller élargir d'autres poteaux et aiguiser d'autres réflexes.

## Les Boys
DIFFUSION : 22 NOVEMBRE 2001

« *Nos bras meurtris vous tendent le flambeau, à vous de le porter bien haut* », ou quelque chose du genre. C'est l'inscription qu'on peut lire sur le mur de la chambre des joueurs des Canadiens. Relique du vieux Forum et du temps où la victoire se passait de génération en génération. Le flambeau se porte assez bas depuis plusieurs années, la flamme est assez humide. Dans les dernières années, les terrains de golf se sont multipliés, partout au Québec et surtout dans la grande région de Montréal. Il y a une trentaine d'années, c'étaient les arénas qui poussaient comme du pot dans la Beauce. Les arénas sont arrivés en grappe au même moment (ou à peu près) où les tavernes disparaissaient, remplacées par les brasseries. La taverne, voyez Broue, c'était le cénacle exclusif du mâle. Là où les gars se retrouvaient ensemble, sans avoir à s'excuser au moindre rot. Discutant des vraies affaires :

« *Qu'est-ce qui se passe avec Canadien ?*

— *Rucinsky vaut pas de la marde.*

— *Théodore a des croûtes à manger avant d'arriver dans les bottines à Casseau.*

— *Sti de Nordiques.*

— *Réjean Houle aurait dû continuer à vendre sa bière.* »

Ça, et les boules.

Avec les arénas, se sont multipliées les ligues de garage. Des gars qui n'avaient jamais joué au hockey de leur vie dans les ligues organisées se sont sentis attirés par ses enclaves masculines. Depuis, les ligues de garage poussent partout. Dans les voisinages, les cercles d'amis, les bureaux, les associations professionnelles, les troupes de théâtre et les prisons.

Quand *Les Boys,* première version, ont abouti sur nos écrans, c'était comme une caméra qui entrait, tout micro tout éclairage, dans un monastère de cloîtrés *fuckés.* Jusqu'ici univers sacré, la ligue de garage se dévoilait. Pour les filles, c'était une porte ouverte sur un monde particulier où l'avocat, le vidangeur, le chômeur, le pusher, la police et l'artiste sont tous susceptibles de se promener tout nu, pas de dents, avec une bière, en décrivant la technique de sa femme.

On investit des sommes d'argent colossales. On n'arrête pas de faire des commissions. Le ministère de la Santé embauche des séries de spécialistes pour inciter les gens à faire de l'exercice. On produit des campagnes promotionnelles pour sensibiliser le peuple, l'homme de 30 ans et plus en particulier, aux bienfaits de la bougeotte. Je parie mes shorts que la série des *Boys* a aidé plus d'hommes québécois à bouger que quelque slogan, campagne et effort bureaucratique de quelque agence gouvernementale trop payée que ce soit. En plus de nous fournir à la pelletée des scènes comiques et des numéros d'acteurs déjà devenus classiques.

*Les Boys* sont arrivés au moment où il le fallait. On regardait aller le Canadien depuis quelques années, c'était une mauvaise joke. Tant qu'à faire une joke avec notre hockey, on va en faire une bonne.

## Le temps de l'aréna

DIFFUSION : 1er OCTOBRE 2001

Quand Mike Bossy avait 15 ans, il jouait au hockey à l'aréna de Chomedey dans la paroisse de Saint-Pie X, pas loin de l'église. Lucie travaillait au petit *snack-bar*. Elle vendait des chips, de la liqueur et du café. C'était la sœur de Pierre, de Gilles et des autres Creamer, une famille de sportifs bien connue à Chomedey. Papa Creamer était pompier.

Mike et Lucie se sont rencontrés là, à 15 ans. Ils se sont mariés et sont encore heureux ensemble.

Pour plusieurs Québécois et Québécoises, âgés entre 12 et 16 ans, l'aréna est au centre de la vie. C'est là qu'ils apprennent à s'impressionner l'un l'autre. En marquant un but, en partageant un chocolat chaud, avec un peu de rouge à lèvres sur le rebord, ou en faisant tourner dans sa main les clés du char de papa.

Même si l'aréna de Chomedey était près de la maison, moi, *mon* aréna était le Centre sportif Laval. J'étais pensionnaire au Collège Laval et l'aréna était propriété des Frères Maristes, à 50 pas. C'est là que se sont entremêlés dans mon cœur d'adolescent les suaves odeurs de la chambre des joueurs, des patates frites au vinaigre et de la boucane de cigarettes. Entre 1966 et 1970, tous les jours, de septembre à juin, j'étais à l'aréna. J'y étais pour jouer au hockey, pour niaiser, pour aller au film des pensionnaires le mercredi soir dans le gymnase du deuxième. J'y étais pour faire visiter mon domaine aux filles, les fins de semaine. Pour tous les pensionnaires du Collège Laval, l'aréna, c'était terrain privé.

Je me souviens des lundis soir en particulier. C'était le seul moment de la semaine où le stationnement était plein, d'octobre à mars. Le lundi soir, notre domaine était envahi par 3000 personnes et le terrain du Collège était plein à craquer de Mustang Shelby, de Corvette Stingray, de vieux Dodge et de chars de police. Le hockey de la LHJMQ du lundi soir à Laval, c'était une tradition. Pour les jeunes pensionnaires, avant l'étude de 19 h 30, c'était l'occasion de constater que, dans l'univers, il n'y avait pas seulement des ti-culs avec des cravates rouges. Il y avait toute sorte de monde. Des vieux soûlons, des rockers, des madames avec des blousons de ligues de quilles, et des jeunes filles aux yeux doux.

Le hockey du lundi soir, c'est Jocelyn Guèvremont, André Peloffy et Pierre Lacroix, dans l'uniforme orange et bleu des Saints de Laval.

Quelques années plus tard, quand la société m'a fait un trou dans le monde des médias, j'étais de retour les lundis soir au Centre sportif, dont je connaissais le moindre coin. Sur la minuscule galerie de la presse avec ma cravate en cuir. Sur la glace, c'était Robert Sauvé et Mike Bossy. Contre Carbonneau, Denis Savard, Robert Picard, Richard David, Ricky Vaive et Normand Dupont. Après, ç'a été Mario Lemieux, Vincent Damphousse et Donald Audette.

Encore aujourd'hui, quand le premier lundi d'octobre arrive, je ferme les yeux. Ça sent la chambre des joueurs, les patates frites et la boucane. Le merveilleux temps de l'aréna est arrivé.

# Le but de mon frère

DIFFUSION : 17 JANVIER 2001

Jeune, j'aimais jouer au hockey comme un fou. Mon père n'arrête pas de me rappeler qu'une saison, entre autres, j'avais brisé quatre douzaines de bâtons. Quand mon petit frère est arrivé, il est de neuf ans mon cadet, je n'avais qu'une envie : lui faire partager ma passion et lui montrer les joies d'un *top corner*, d'un gardien qui mord à ton hameçon, d'un défenseur sur le cul. Rien de plus réjouissant.

Plusieurs m'ont parlé de la lettre fictive d'un fils à son père. Une lettre qui dépeignait une situation souvent vécue : celle du père qui se prend pour un agent, un coach, un gérant et qui oublie qu'il est surtout papa. Bon. Mon père à moi n'a jamais commis ce genre d'excès. J'étais un passionné total, j'en avais jamais assez.

Mon frère, lui, aimait le hockey juste un peu moins que moi, j'aime tisser des dentelles. Mon père a très bien vécu ça. Mais moi, le grand frère, un peu moins. C'est ma faute, et ma seule faute, si une année il s'est retrouvé dans une équipe, les Atomes des Loisirs Saint-Martin. Il gelait comme une crotte dehors. Il souffrait de patiner moins vite qu'un gardien de but à reculons. Il était intéressé au jeu autant que Dave Hilton à la théorie de la relativité. Mais comme son grand frère, le subtil moi, insistait, il se sentait forcé de marcher jusqu'à la patinoire extérieure, un kilomètre sur ses protège-lames. À −19 °C, il passait la partie à sautiller sur place dans la cabane, en attendant que les autres soient morts de fatigue. Comme à 17 ans, j'avais la sensibilité d'une truite grise de huit livres, je ne me rendais pas compte du désarroi de mon petit frère.

Un soir, alors que j'étais sur le bord de la bande à hurler mes subtils conseils, il y a eu mêlée devant le but adverse, mon petit frère au milieu. Une dizaine de petits gars de sept ou huit ans qui bûchent en même temps sur une rondelle qui saute comme une bine mexicaine. Boum, la rondelle est dans le but. L'arbitre identifie le compteur : mon frère. Il a crié comme un fou et couru sur les bottines de ses patins jusqu'au bord de la bande où je hurlais encore plus fort.

En revenant à la maison, sur ses protège-lames, il m'a annoncé sa retraite. J'ai dû compter 200 buts dans ma jeunesse, je me souviens d'aucun. Mais le but de mon petit frère reste là, dans ma mémoire. Et dans la sienne.

## Souvenirs de hockey-bottine

DIFFUSION : 26 OCTOBRE 2004

Cet automne 2004, j'entame ma 43ᵉ saison.

J'ai perdu un peu au niveau du souffle et de la résistance, mais il n'est pas question que j'accroche mes bottines. Mes coéquipiers me le disent : je n'ai rien perdu de ma touche magique en offensive. J'atteins encore le *top corner,* je décoche mon lancer, peut-être pas aussi puissant qu'à mes belles années, mais toujours précis.

Je parle bien sûr du vrai sport national de tous les Québécois, le hockey-bottine, appelé aussi hockey-balle.

Il n'existe pas un Québécois âgé de plus de six ans qui n'ait jamais joué au hockey-bottine. Le hockey-bottine est dans nos mœurs comme la soupe aux pois et les bines à la mélasse.

On a tous devant chez soi, ou à quelques centaines de mètres de chez soi, un endroit tout désigné pour s'adonner à ce merveilleux sport. On peut s'y adonner avec toutes sortes de coéquipiers. Des jeunes, des vieux, des vites, des bons, des poches et même des filles. On peut jouer sur toutes sortes de terrains. Principalement dans une petite rue de banlieue, mais aussi dans des cours d'école, dans des stationnements de centre d'achat, dans un gymnase ou même dans un aréna où la surface glacée a été remplacée par des panneaux de gros plywood. Et, le top du top : dans un terrain de tennis où les filets ont été enlevés. Mon endroit de prédilection, c'était les cours de tennis désaffectés qui longeaient la prison de Saint-Vincent de Paul (le maximum Laval) dans la cour du Collège du même nom. Les Frères Maristes, toujours en avant de leur temps, avaient été les premiers à fabriquer des buts avec de la broche à clôture. Combien de cônes orange fluo ont été dérobés par combien de jeunes joueurs de hockey-bottine pour faire les buts? Quoique d'habitude, les poteaux des buts soient fabriqués à l'aide de grosses mottes de glace que les automobilistes doivent prendre bien soin de contourner pour ne pas être victimes de huées, de sifflets, voire même (si la partie achève) de quelques balles de neige dans le pare-brise.

De l'âge de 10 ans jusqu'à 20 ans, à moins d'une catastrophique tempête de neige ou d'une pluie diluvienne, j'ai joué à tous les jours. Printemps, été, automne, hiver.

Je ne suis pas ici pour me vanter, mais un coup parti... En 1967, j'ai compté 4679 buts. C'était avant l'avènement de la balle jaune orange, cette invention géniale. C'était plutôt l'époque où on jouait avec une balle de tennis congelée. Balle de tennis que j'ai déjà stoppée, un certain vendredi soir, avec mon entrejambe, sans *jackstrap*. Mes deux petites amies, Couille Gauche et Couille Droite, pensaient bien voir leur carrière reproductrice anéantie, mais non, elles ont quand même fourni les chromosomes nécessaires à quatre enfants. Puisque vous insistez pour les connaître, voici les trois faits saillants de ma glorieuse carrière de hockeyeur-bottine:
- une partie avec Jocelyn Thibault, à deux rues de chez moi; j'avais 44 ans;
- une autre devant 200 étudiants, avec à ma gauche le prolifique François Pérusse et à ma droite Mike Bossy;
- une garnotte de toutes mes forces sur la grande cuisse gauche de Martin Petit. À quelques centimètres de ses deux petites amies, les mêmes que les miennes, un peu plus grosses.

## Mise en échec

DIFFUSION : 6 MAI 2002

Je ne me souviens plus du titre de la capsule. C'est une petite capsule de RDS qui passe au moins une fois par semaine pendant les bulletins de nouvelles, peut-être plus. Un spécial mise en échec. Quelque chose comme «Les collisions spectaculaires». Les autres réseaux de sport anglophones et américains présentent aussi le même type de capsules. Comme sous les armures des joueurs de hockey, il y a un être humain, j'imagine qu'un jeune joueur de hockey aime se retrouver à la télévision. Avant, pour être dans les jeux de la semaine, il fallait compter un but. Ou faire un arrêt spectaculaire. Aujourd'hui, il s'agit d'en ramasser un solide au milieu de la glace.

« *Regarde les nouvelles à soir, maman, je vais passer, c'est sûr, je l'ai* smacké *solide.* »

Depuis que les cassettes existent, les bagarres au hockey sont disponibles sur le marché noir. Elles mettent en vedette à peu près toujours les mêmes boxeurs sur glace. On s'est habitué à ce circuit parallèle, cette ligue dans la ligue. Qui est le matamore numéro un de la ligue? De tout temps, il y a eu un champion boxeur dans la LNH. Du temps où mon père avait l'âge de mon fils, il y en avait. Quand j'étais ado, il y en avait. Il y en a encore. Il y a une loi écrite très très pâle qui dit qu'un spécialiste de la boxe sur patins s'en prend à ses semblables. Il y en a un ou deux, des fois trois par équipe, et ils dansent toujours entre mêmes partenaires.

La mise en échec, c'est autre chose. Le phénomène de la mise en échec s'est beaucoup développé depuis quelques années. On les compte, maintenant. Elles sont des statistiques officielles, comme des lancers au but. Elles sont surtout une partie majeure du show. On en fait des montages. Un peu de musique métal et on démontre. Il n'y a pas de loi non écrite pour les mises en échec. Le règlement les concernant est simple: tu peux frapper le porteur du disque, ou le dernier porteur du disque. Qui porte le disque? Il y a de grandes chances que le porteur du disque soit un bon joueur. Mike Bossy écrivait la semaine dernière dans *La Presse* qu'il considérait qu'une très forte proportion des mises en échec étaient données pour rien, alors que le jeu est ailleurs. La mise en échec telle que pratiquée aujourd'hui ressemble de plus en plus aux coups de bélier qu'on voit dans la WWF, et représente un vrai danger pour les joueurs. Darcy Tucker à Michael Peca. Kyle MacLaren à Richard Zednik. Entre recevoir une taloche sur le nez, et accueillir l'épaule renforcée d'un gars de 6 pieds 3 pouces, 220 livres, qui arrive pleine vitesse, je vote claque sur le nez.

« *Maman, ça se peut que je passe aux nouvelles du sport ce soir.*

— *Tu as marqué un but ?*

— *Non, mais j'ai défoncé trois côtes à un autre joueur. Huit pieds dans les airs. Il s'est retrouvé direct à l'hôpital.*

— *Je vais regarder ça, mon pit, promis.* »

## Souvenir d'un 1er avril

DIFFUSION : 1er AVRIL 2002

C'était en été 1987. Une transaction qui a alimenté les conversations pendant longtemps et dont je parlais, y a pas longtemps. Une transaction qui envoyait Michel Bergeron, instructeur des Nordiques de Québec aux Rangers de New York, en retour d'un choix au repêchage. André Savard succédait à Bergeron avec les Nordiques.

C'était quand même quelque chose. Le gars de Rosemont, après s'être fait les dents avec les Jets de Pointe-aux-Trembles et les Draveurs de Trois-Rivières où il avait acquis une réputation de bagarreur fini, s'est vu confier la tâche de diriger les Nordiques de la Ligue nationale. Un choix de Maurice Filion. Bergeron allait connaître des années de gloire avec les Nordiques, au centre de l'action. Debout un pied sur la bande avec sa gomme. On voyait Bergeron comme un provincial. On se souvient des flèches de Jacques Lemaire. Le « stuff de junior ».

Directeur gérant des Rangers, Phil Esposito adorait le fougueux petit Tigre et, pour la première fois de l'histoire de la Ligue nationale, une transaction impliquant un coach était conclue. Bergeron avec les Rangers.

Bergeron donnait de la copie. Donner de la copie quand on est roi de Québec, c'est une chose. Maintenant, Bergeron allait gagner sa vie à New York, la plus grosse ville au monde, celle qui bouffe les instructeurs comme un gars de la baie James bouffe des bines Clark, sans prendre le temps de les enlever de la boîte. Plusieurs ne donnaient pas cher de la peau du petit matou provincial. Les médias new-yorkais vont te me le dévorer...

Deux saisons plus tard, les Rangers sont à un nez de faire les séries pour la première fois depuis un long bout de temps. Je suis journaliste aux sports pour la défunte CKVL. Nous sommes samedi matin, au printemps de 1989 et le boss des nouvelles m'appelle chez moi.

« *Christian, Michel Bergeron vient d'être congédié des Rangers, peux-tu te mettre la dessus ?*

— *Pardon ? Quoi ? Voyons donc. Im-pos-si-ble.* »

Je raccroche. Je regarde le calendrier et je vois la date : 1$^{er}$ avril. Je rappelle le boss.

« *Écoute, je sais pas si c'est toi qui essaies de me pogner ou quelqu'un d'autre qui essaie de te pogner, mais on est le premier avril. Il reste une game à la saison, les Rangers vont être dans les playoffs, c'est un tour qu'on te joue, mon vieux. Fie-toi sur moi.*

— *Oui mais CKAC n'arrête pas d'en parler.*

— *CKAC sont en train de se faire passer le plus gros poisson de leur histoire, laisse-les avoir l'air imbécile.* »

J'ai raccroché. Je me suis rendu compte que CKAC, CJMS, CJAD, Radio-Canada, TVA, CTV et CBC étaient tous tombés dans le panneau.

Tous sauf moi.

Dans tout le beau pays, il y en avait seulement *un* qui n'avait pas mordu. Gang d'amateurs. Ha.

Lundi matin, j'ai eu un *meeting* avec le boss. Un très long *meeting*.


## Montréal sort (encore) Boston

DIFFUSION : 30 AVRIL 2002

Il neige le 29 avril. On avait commencé à embellir la place pour accueillir l'été, et boum, ça tombe. On ressort la pelle. On baigne une heure de plus que prévu dans la soupe de l'heure de pointe.

Mais c'est pas grave, Canadien a éliminé Boston. L'impôt et ses grands doigts crochus vient gratter le fond de nos tiroirs. Nous fait oublier l'idée d'une semaine à Cancun l'hiver prochain, On se reprendra peut-être en 2004. Mais c'est pas grave, Canadien (huitième) a éliminé Boston (premier).

Il fait 26 °C. Le lendemain, c'est 12. Le lendemain, c'est –1. Puis 17. Et ensuite, c'est 3, et ensuite, c'est 23. On s'habille, se déshabille, se rhabille et la grippe nous agrippe. Mais c'est pas grave. On va éliminer la Caroline. Les victoires du Canadien au printemps, c'est notre vitamine, han?

Cette saison ne ressemble pas aux autres. Cette victoire d'hier, cette sortie en six des Bruins ne ressemble pas aux autres. Elle est plus savoureuse, plus goûtée, plus appréciée. Elle est arrivée au bout de tant d'efforts et de sacrifices et de luttes quotidiennes. Et de doutes. Rappelons-nous dans quelle condition elle est survenue. Quelqu'un ici ne se souvient pas du cancer? Du pied de nez de Brett Hull? De celui de Martin Lapointe? De l'avant-bras déchiré de Audette? À tout bout de champ, quand notre club de hockey semblait parti sur une lancée, arrivait l'embûche. Et puis l'autre embûche. Et puis l'autre après. Plusieurs membres de l'équipe ont été remerciés, semaine après semaine, depuis le début. Koivu pour la motivation qu'il a plantée dans le ventre de ses coéquipiers. Remercié deux fois plutôt qu'une, José Théodore pour avoir mesuré neuf pieds en long et en large, quand l'offensive toussait. Doug Gimour pour son aplomb et son attitude sans peur et sans reproches. André Savard pour ses choix, Michel Therrien pour son calme quand la tempête frappait son bateau en pleine poupe. Il y en a d'autres qu'on a pris pour acquis et qui méritent une courbette.

Monsieur Petrov d'abord. Quand Koivu, Audette et compagnie sont tombés sous les durs coups du sort, monsieur Petrov a monté son jeu d'une coche et est demeuré sur cette coche-là pendant 82 matches. Quelqu'un a-t-il déjà vu un *shift*, un seul, pendant toute l'année où le petit Russe ne s'est pas complètement défoncé? Quelqu'un a-t-il entendu Oleg Petrov se plaindre? Monsieur Perreault. Il n'a pas manqué un seul match non plus. Il a marqué souvent le but que ça prenait. Yannick Perreault n'a jamais pesé sur le frein. Stéphane Quintal n'a jamais desserré les dents. Juneau. Markov. Rivet. Dykhuis. Brisebois. Dackell. Hmmm. Y fait beau.

## Beige ou brun : l'affaire Bertuzzi-Moore
DIFFUSION : 30 MARS 2004

Je ne le fais pas à tous les jours, mais des fois je m'obstine avec ma très chère amoureuse. Toutes sortes de sujets. Elle a du José Théodore dans le nez, cette fille. Elle ne s'en laisse pas passer facilement. Elle a des occasionnelles faiblesses, mais en général, elle couvre très bien ses angles. L'obstination est un excellent exercice, tant qu'il n'y a pas trop d'émotion dans la sauce. Ça dérouille le cerveau. Ça aiguise les réflexes. Ça force à rester bien alerte. C'est comme une partie de quelque chose. Quand c'est trop facile, c'est plate. Des fois, s'obstiner, c'est très excitant, c'est spectaculaire, intense, c'est long. On a besoin d'une période ou deux, en prolongation, pour régler l'affaire. Là où l'exercice de l'obstination est plus compliqué, c'est quand je suis tout seul à m'obstiner avec moi-même. Quand je ne sais pas quoi penser. Quand une partie de moi dit brun, et l'autre partie dit beige. Je ressors de ses séances d'auto-obstination avec le sentiment d'être perdu.

Hier, je regardais Steve Moore, la victime de Todd Bertuzzi, s'adresser à la presse et je me suis mis à m'obstiner. Moore a la tête pognée dans un carcan orthopédique. Il a toutes ses facultés, mais la question de son retour au jeu est entière. Pourra-t-il revenir au jeu, un jour? Moore ne se souvient de rien. Il manque tout le bout important du film qu'on a vu et revu 50 fois. Dans le film dont il est la vedette, il y a un immense trou entre le match de hockey et sa présence à l'infirmerie entouré de médecins et de spécialistes. On a tout vu, tout revu, tout analysé. Bertuzzi a tout vu, tout revu, encore plus que nous.

« *Je suis Moore, pas mort. Je pardonne ou je ne pardonne pas à Todd Bertuzzi? J'accepte ou je n'accepte pas ses excuses et ses remords?*

*Je lui serre la main ou je ne le regarde pas? Est-ce qu'accepter les excuses de quelqu'un qui a ruiné ma carrière est un signe de force ou de faiblesse?»*

Il y a un lendemain pour Moore et un pour Bertuzzi. Pour Bertuzzi, le lendemain, si lointain soit-il, va se jouer sur des patins. Pour Moore, on ne le sait pas.

*«Comment pardonner à quelqu'un qui m'enlève mon gagne-pain, qui enlève le pain de la bouche de mes enfants? Et qui le fait en bandit, consciemment? Le conducteur soûl? Le médecin inconscient? Le gros ailier qui te saute dans le dos?*

*«Quand mon côté beige me dit de suivre le chemin du petit Jésus, qu'il me suggère de pardonner, qu'il me dit que la rancune ne fera que garder la plaie vivante et le souvenir amer, mon côté brun lui répond que pardonner équivaut à effacer et la dernière chose au monde qu'il faut faire pour la suite, c'est effacer. Effacer, c'est oublier.*

*«Faut au moins que ma souffrance serve à ce que mon sport se souvienne. La LNH a tout intérêt à ce que je pardonne, a très hâte qu'on n'en parle plus. Qu'on passe à autre chose. Pardonner équivaut à les satisfaire. Pardonner, c'est aussi dire: c'est pas grave, Todd. C'est pas vrai que c'est pas grave, Todd.»*

S'obstiner soi-même, quel exercice fatigant. Mais faut se brancher. Si j'étais la conscience de Steve Moore, vous savez ce que je lui dirais? Je lui dirais de se compter chanceux d'avoir au moins quelqu'un à qui pardonner pour la merde qui me tombe sur la tête. Y a dans les hôpitaux plein d'enfants qui ont 6, 8 ou 12 ans et qui n'ont personne à qui pardonner ou pas. Ils souffrent sur le bras de la vie. Et arrivent à sourire.

Quand je m'auto-obstine, mon côté beige est difficile à clencher. Vive la vie.

## *Frog*

DIFFUSION : 26 FÉVRIER 2004

J'ai sorti mon *Petit Robert*. « Batracien sans queue et pourvu de membres postérieurs adaptés au saut, aux pattes postérieures longues et palmées à peau lisse, nageur et sauteur. » Grenouille verte ou rousse. Rainette, roussette. Une grenouille-taureau est un ouaouaron. La grenouille coasse. Une mare aux grenouilles est un milieu politique malhonnête. Avoir des grenouilles dans le ventre veut dire émettre des borborygmes. « Le caissier a mangé la grenouille » veut dire que le caissier s'est approprié les fonds déposés.

Après Don Cherry qui nous traite de peureux parce qu'on porte la visière, voici que des Tchèques de la Ligue américaine nous appellent grenouilles. Hier, à la une du supplément Sports de *La Presse*, le mot *frog* une cinquantaine de fois, pour souligner l'agression verbale dont étaient victimes certains joueurs québécois.

Le mot *frog* est souvent accompagné du préfixe *fuckin'*, ce qui multiplie l'impact de l'insulte. Ou encore par l'autre préfixe *French*, question de spécifier que le joueur visé ne l'est pas à cause de sa ressemblance physiologique avec la joyeuse sauteuse, ou de ses yeux exorbités, ou de sa peau pleine de purulentes excroissances ou de ses pattes palmées, mais bien à cause de sa langue maternelle. D'où vient le fait que le mot *frog* soit associé aux individus de langue française ? Il y a plusieurs hypothèses. Laquelle est la vraie ?

C'est peut-être juste une question de sonorité. *French frog*, ça sonne bien. J'entends l'insulte, mais elle me coule sur les émotions comme l'eau sur le dos d'une belle fille. Le seul autre animal susceptible d'être associé au fait français est le *poodle*. Le *French poodle*. Je vote *frog* plus que *poodle*.

Avant la grenouille, pour blesser le Canadien francophone, on l'associait à la soupe aux pois. « *French Canadian Pea Soup*. » Celui qui entend là une injure est le même qui n'a jamais goûté à la *pea soup* de mon amour. *The Pea Soup Queen of Sainte-Thérèse*.

Comme joueur de hockey sur une patinoire, j'accepte un paquet de choses inhérentes à la job. Tu peux essayer de m'arracher la tête.

Tu peux essayer de me passer le genou en voulant me virer la rotule à l'envers. Tu peux essayer de m'envoyer la rondelle dans les dents. Tu peux prendre ton élan et me sonner le plexus avec ton épaule. Tu peux m'appliquer le coude dans la gorge, dans le feu de l'action. Tu peux me passer, accidentellement ou non, un Sherwood dans le ventre. Tu peux dire des grossièretés concernant ma mère et ses présumées habitudes procréatrices. Même chose pour ma sœur, et ses 28 amants ou ma femme et toi-même. Tu peux me dire que mon fils est une tête d'eau. Qu'un jour il va devenir une Grande Gueule. Tu peux traîner ma famille dans la boue. Tu peux tout faire ça.

Mais crie-moi pas des noms. Parce que si tu me cries des noms, je vais le dire à *La Presse*. Pis ma *Presse* est plus forte que ta *Presse*. Ok?

# Chapitre V
# Baseball

## L'année où le baseball est entré dans ma vie
DIFFUSION : 7 NOVEMBRE 2001

1957. Mon père et un de ses frères, jeunes pères de famille dynami-
ques dans la vingtaine, quittent Rosemont et investissent leur mince
pécule dans des bungalows de banlieue. Sur la terrasse Pilon, à
Saint-Martin, île Jésus. Le samedi après-midi, il y a un match de
baseball au canal 2. La télévision est en noir et blanc. Tous les same-
dis après-midi d'été, j'étais dans le sous-sol et regardais le match.
Il y avait aussi ces cartes de joueurs de baseball au verso des boîtes
de Alpha-Bits. Cette année-là, je bouffais deux boîtes par semaine.
J'ai appris à écrire en jouant dans mes céréales. Les 60 sous que je
recevais pour servir la messe, six jours par semaine, étaient inves-
tis dans les paquets de cartes avec gomme rose en palette.

Le baseball est arrivé dans moi comme ça. Plusieurs années
avant que les Expos n'arrivent à Jarry. Mon père et mon oncle me
parlaient des Royaux, morts en 1960. Ils me parlaient des Dodgers
surtout, et des damnés Yankees. Je savais qui était Jackie Robinson.
Je savais ce qu'il avait accompli et pourquoi. J'ai eu et perdu 50 gants

de baseball. Mes lancers et mes coups sûrs ont fracassé des douzaines de fenêtres. Dans mon voisinage, seul le mur du bungalow
ne refusait jamais de jouer au baseball avec moi. C'était mon
partenaire.

Quand Jean Drapeau, Charles Bronfman et Jerry Snyder ont
annoncé la création des Expos en 1968, ma passion pour le jeu de
baseball a atteint un nouveau palier. J'allais voir, en personne, les
héros de mon enfance. Tous ces joueurs dont j'ai collectionné les
cartes depuis toujours, sur lesquelles j'ai lu et relu les mêmes statistiques. Je vais les voir, en vrai. Bob Gibson, Willie Mays, Don
Drysdale et Juan Marichal. À Noël, en 1968, j'avais reçu des billets pour le match d'ouverture contre les Cards de St. Louis. 14 avril
1969. Les Expos avaient gagné 8-7. Les Expos des premières années,
c'était un bouquet de jeunes pas prouvés et de vieux passés date qui
portaient une casquette à laquelle il ne manquait qu'une hélice.

Début mars 2001. Sous le soleil, je suis dans une estrade de
Jupiter avec Roger Brulotte en bermudas. Bryan Schneider est au
bâton. Il frappe un circuit contre Graeme Lloyd. Derrière la clôture
Frost du champ gauche, deux jeunes avec des casquettes rouges se
chamaillent pour la balle. Mes deux plus jeunes fils. Les liens que
le baseball a créés entre mon père et moi, puis entre moi et mes fils,
ne seront jamais dissous. Pour ces liens-là, je dis merci à la petite
balle.

## La naissance du joueur-panneau
DIFFUSION : 5 FÉVRIER 2003

C'est à cause de Babe Ruth. Babe Ruth a été la première mégastar de
sport en Amérique. Tout ça parce qu'il était le premier joueur à
cogner des coups de circuit à répétition. Gros, difforme, ivrogne,
maquereau, peut-être. Mais quel frappeur. On n'avait jamais vu ça.
Il piquait la curiosité des amateurs qui se sont mis à remplir les
estrades partout où il passait. Pour le garder heureux, son patron, le
colonel Ruppert, lui donnait un excellent salaire : 80 000 $ par année.

Il a un jour répondu à un journaliste qui lui faisait remarquer que c'était plus que le président Hoover.

*« C'est normal, j'ai eu une meilleure année que lui. »*

Voici comment ça a dû se passer.

Un jour, un chapelier de Manhattan est allé voir le colonel.

*« Cher colonel, si votre Babe Ruth met un de mes chapeaux, et que je le photographie avec son chapeau, et que je mets la photo signée dans ma vitrine, ça devrait attirer les gens, non ?*

*— Sûr.*

*— Dites au Babe que je vais lui donner trois chapeaux gratuits. En plus, à chaque chapeau vendu, je vais vous donner, à vous, un dollar. »*

Le colonel a réfléchi.

*« Deux dollars.*

*— Deux. Marché conclu. »*

Le colonel est allé voir Babe.

*« Babe, comme tu es mon meilleur joueur et que je t'aime bien, j'ai un cadeau pour toi. Tu vas aller voir mon ami le chapelier, il va te donner trois chapeaux à ton choix. Il va te demander une photo, c'est tout.*

*— C'est tout ?*

*— C'est tout. »*

Babe a remercié le bon colonel et est allé chercher ses trois chapeaux.

Le bon chapelier a vendu des chapeaux par boîtes pleines, le bon colonel faisait 2 $ du chapeau. Le colonel a vu la poule aux œufs d'or. Il vendait la grosse face de sa vedette à tous les commerçants. Babe recevait plein de cadeaux. Et tous les commerçants se bousculaient aux portes. Babe annonçait les autos, les gommes, les vêtements, les cigares, les souliers, la liqueur, tout. Tout. Tout.

Fils rejeté d'un tenancier de taverne, élevé dans les orphelinats et sans aucune instruction, il était le fou du roi. Le plus grand baisé en Amérique (et aussi un de ses plus grands baiseurs)...

Le colonel est devenu immensément riche et Ruth est mort pauvre. Il avait été le précurseur du joueur-panneau.

Aujourd'hui, ce n'est pas tout à fait comme ça que ça marche. Avant, le joueur était seul avec ses muscles et ses tendons pour négocier. Il s'est donné une première arme avec le syndicat. Et une deuxième en embauchant un agent qui lui tient place de stratège. Le propriétaire ne peut plus faire comme le colonel. Pour faire de l'argent, il doit saigner le peuple. Ou le faire saigner par ses commandites, ce qui revient au même.

Quand le peuple refuse de se faire saigner, les clubs déménagent. Le déménagement d'une concession ne doit pas être considérée comme un échec, mais comme une victoire sur la perfidie.

## Le *stengelese*

DIFFUSION : 2 OCTOBRE 2001

À New York, pendant plus de 40 ans, les journaux étaient pleins de *stengelese*. Une forme particulière de la langue anglaise. Un dialecte inventé par Charles Dillon « Casey » Stengel.

Nous sommes en juillet 1958, un comité sénatorial américain enquête sur les lois antimonopoles qui menacent le baseball des majeures. On se méfie du succès des Yankees. Depuis deux décennies, ils gagnent tout le temps. Le président du Comité appelle à la barre le gérant des Yankees, the *old perfesser*. Casey Stengel. Le sénat veut connaître ses vues sur la situation de monopole qui menace le baseball majeur et sur le bien-fondé de la présente enquête. Et son opinion sur la clause de réserve.

Le témoignage de Casey est entré dans les annales judiciaires américaines. Un monologue presque ininterrompu de 30 minutes. Des réponses sans début ni fin. Sans queue ni tête. Avec une logique très créative. Casey passait d'un sujet à l'autre et d'une idée à l'autre. Il inventait au fil de ses interminables réponses des expressions colorées et des néologismes insaisissables. Il proférait des non-sens à la pelle. Le comité sénatorial n'avait jamais entendu quelque chose de semblable. Assommés par l'exercice de Stengel, ils ont fini par lui dire merci, et ont appelé à la barre la superstar

Mickey Mantle. Le président offre le même préambule à Mantle, qui répond : « *Je pense la même chose que Casey. Merci.* »

Et il quitte la boîte des témoins. ( *Sur un engin de recherche, tapez* « *Casey Stengel Testimony, 1958* ».)

Casey Stengel a été un des premiers intervenants du sport professionnel à atteindre le statut de champion de la déclaration. D'inventeur de phrases. Voici un peu de *Stengelese*, traduit le mieux possible.

Il ne parlait pas de roulant, mais de « balles tueuses de vers de terre ». *Worm killers*. Un voyou était un *road apple*. Une pomme de route. Tout le monde sait ce qu'est une pomme de route. Un joueur n'était pas endormi sur un jeu, il était embaumé.

Stengel a été sur la liste de paye des Mets jusqu'à sa mort.

« *Les gens me demandent pourquoi les Mets me payent : ils me payent pour pas que je les achale. Je les achale pas.*

« *Les gens disent que je suis drôle. J'ai une femme merveilleuse, une famille, une grosse maison, de l'argent en banque, je joue au golf avec des millionnaires. Qu'est-ce qu'il y a de drôle là-dedans ?* »

Pour parler d'un joueur qui réussissait toujours le bon coup au bon moment : « *Il tomberait dans un égout et ressortirait avec une montre en or.* »

Les Yankees viennent de perdre quelques matches de suite, Casey s'assoit sur la chaise du barbier qui s'apprête à lui faire la barbe. « *Égorge-moi pas, je veux le faire moi-même, tout à l'heure.* »

Le père d'une recrue, fâché que Stengel ait retranché son fils, appelle le gérant pour se plaindre, Stengel lui dit : « *Si votre fils tombait d'un avion, il aurait de la misère à attraper le sol.* »

Un partisan importun croit le reconnaître et lui demande : « *Êtes-vous Casey Stengel ?* » Il répond : « *Non, moi je suis le gars qui joue son rôle à la télévision.* »

Il disait : « *Pour être heureux dans la vie, il faut grandir sans vieillir.* » Le 29 septembre 1975, à 85 ans, Casey Stengel arrêtait de vieillir.

# Ted Williams

DIFFUSION : 16 JANVIER 2001

Dans le hall d'entrée du National Baseball Museum and Hall of Fame, à Cooperstown, NY, il y a deux statues grandeur nature : celles de Babe Ruth et de Ted Williams.

1930. Le krach accumule les victimes partout sur la planète. Un jeune adolescent dégingandé de 15 ans, 6 pieds 2 pouces, 124 livres de squelette et de ligaments, déambule dans les rues des quartiers pauvres de sa ville natale, San Diego. Il a sur l'épaule un bâton de baseball. Il s'élance. Durant des heures et des heures. Il aiguise son œil en tentant d'abattre les moustiques qui lui virent autour. Son père est ailleurs. Sa mère à elle seule est la Salvation Army de San Diego. Elle consacre son temps et ses ressources à aider les démunis du coin. Démunissant son fils.

Par la force des choses, Theodore Samuel Williams s'est forgé un caractère fort. Trop parfois. La graine de la rancune s'est beaucoup développée chez lui et les racines de l'amertume sont ancrées dans son sol. Son besoin de prouver qu'il est le meilleur allait être la sève de sa vie.

À 15 ans, bâton sur l'épaule, il répétait son leitmotiv : « *Un jour les gens me verront marcher sur la rue et diront : c'est Ted Williams, le meilleur frappeur that ever was.* »

Dès qu'il fut aux commandes de ses esprits, il s'était fixé cet objectif. Et il est devenu le meilleur de tous les temps.

En 1941, il a 23 ans, il frappe pour 406. En 1942, pour 356. Il remporte le championnat des frappeurs les deux fois. La triple couronne en 1942, à 24 ans. Les trois années suivantes : 1943, 1944 et 1945, il les passe dans l'armée. Il n'est pas dans la réserve, à signer des autographes et à gratter du papier. Il n'est pas dans un bureau sécurisant, comme plusieurs autres vedettes appelées sous le drapeau. Williams est aviateur, chasseur d'avions, en première ligne, dans le feu du ciel japonais. Il est retourné à la guerre en 1951 et 1952, en Corée cette fois. Il aura manqué presque cinq saisons complètes à l'âge où l'athlète est à son zénith. Malgré ça, Williams se classe parmi les premiers dans toutes les catégories significatives : les circuits, la moyenne à vie, les points et les points produits.

En 1958, il a 40 ans. Il remporte le championnat des frappeurs devant les jeunes loups du temps : Mickey Mantle, Al Kaline et Nellie Fox. Il a passé les 20 ans de sa carrière en rogne contre les journalistes et le public de Boston. Vingt ans dans le tumulte. En septembre 1960, à sa dernière apparition à Fenway, en guise d'adieu, le numéro 9 a cogné un circuit. La foule a explosé et Ted ne l'a jamais saluée. Ted Williams est à Boston ce que Maurice Richard est à Montréal. La plus grande légende sportive de la ville, devant Bobby Orr et Larry Bird.

## Après la mort de Ted Williams
DIFFUSION : 19 AOÛT 2003

Décédé l'an dernier après avoir été dans l'antichambre de la mort pendant un bon bout de temps, Ted Williams a trois enfants qui lui survivent. Il y a Bobby Jo, une fille, issue d'un premier mariage. Les deux autres d'un deuxième mariage : son fils John Henry, 34 ans, et sa fille Claudia, aussi dans la trentaine. John Henry s'est occupé des affaires de son père à partir du moment où le vieux Ted ne pouvait que se déplacer en chaise roulante et éprouvait des difficultés de santé majeures. Diminué dans son corps et son esprit.

Quelques mois avant sa mort, John Henry a visité les gens de la Alcor Life Extension Foundation of Scottsdale Arizona. Une compagnie qui garde les corps de ses « patients » dans des solutions chimiques susceptibles de préserver cellules et tissus et, quand la science le permettra, de les réactiver. Les ressusciter. Le testament a été amendé par John Henry, qui en avait les pouvoirs légaux. Le corps du héros national s'est retrouvé entre les mains d'Alcor, contre son gré. Ted, quand il était plus autonome, avait clairement dit qu'il ne voulait rien savoir de ça. Ses avocats et notaires ont des notes qui apparaissent dans deux de ses testaments précédents. Ted voulait plutôt que ses cendres soient répandues sur les eaux de la côte est de la Floride, « *où la pêche est toujours bonne* ». Williams adorait la pêche en haute mer.

Le fils de Ted a abusé de son père en le trimbalant, malade, dans des sessions d'autographes payantes et dont il gardait la grosse partie des profits. Il avait proposé à Alcor de garder le corps du père pour éventuellement vendre ses gènes aux intéressés et encaisser les profits.

« *Vous imaginez-vous un paquet de petits Ted Williams qui courent sur les terrains de balle...* »

Alcor considérait que la présence de Ted Williams dans leur grosse boîte était une publicité inespérée et attirerait d'autres patients. L'opération de cryogénie coûtait 150 000 $. Il y a deux façons de procéder. Une plus « conventionnelle », où le corps est suspendu la tête en bas et enfermé dans un module, et l'autre où il y a neuro-séparation. Une procédure qui consiste à couper la tête. On sépare la tête du corps et on place chacune des deux parties dans sa boîte. C'est ce qu'on a fait avec Ted Williams. Cette chirurgie a été pratiquée sans l'assentiment du fils qui ne veut donc plus payer les frais qui restent : soit 100 000 $. Alcor a menacé de déposer le corps de Ted à la porte du fils pour le forcer à acquitter la facture. Un dirigeant démissionnaire de Alcor a décrit à *Sports Illustrated* la condition dans laquelle se trouvait la tête du champion. Rasée, trouée, craquée de partout.

Ted Williams, un symbole de dignité.

## Le rouge et le noir

DIFFUSION : 11 DÉCEMBRE 2002

Un est rouge, l'autre noir. Le rouge s'appelle Rose, le noir s'appelle Jackson.

Pete Rose et Joe Jackson ont connu des carrières phénoménales. Après s'en être nourri pendant les 40 ans combinés qu'ont duré leurs vies d'athlètes, le baseball majeur les a recrachés dans la rue *ad vitam aeternam*. Leur jeu a été à ce point supérieur que, en dépit du fait qu'ils n'aient pas leur buste bronzé sur un mur de musée, ils sont quand même bien présents dans le grenier aux souvenirs. Ils ne sont pas dans la belle boîte, c'est tout.

Pour un amateur de baseball, c'est une excommunication. C'est le châtiment ultime. Rose était un missile sur deux pattes. Bâti comme un obus, il mettait plus d'ardeur au jeu qu'il n'est permis d'imaginer. Pas un gros talent, mais des gros bras et un gros cœur. À son premier camp d'entraînement avec les Reds, Mickey Mantle frappe un circuit 50 pieds au-dessus de sa tête, dans le champ droit. Rose a quand même grimpé sur la clôture, au cas. Mickey Mantle l'a alors baptisé *Charlie Hustle*. Un surnom qu'il a conservé toute sa carrière.

Joe Jackson était coulant comme du beurre de peanut chaud et courait sur un terrain comme une antilope. Un jour, parce que ses souliers neufs n'étaient pas confortables, il avait joué pieds nus. On l'avait surnommé *Shoeless Joe*. John Kinsella en a fait un héros dans le livre devenu un film. Le livre s'appelle *Shoeless Joe goes to Iowa*, et le film *Field of Dreams (Un champ de rêve)*. Shoeless Joe, illettré et naïf, était le meilleur joueur de la ligue. Quand deux coéquipiers, Chick Gandill et Swede Risberg, ont voulu faire un coup d'argent, en faisant exprès pour perdre la Série mondiale de 1919, il leur fallait des alliés. Ils ont embarqué le pauvre Joe dans le coup, pour 20 000 $, ce qui était trois fois son salaire annuel. On ne lui a pas permis de dire non. Dans cette série, Shoeless avait frappé pour presque 400, n'avait commis aucune erreur et avait même réalisé des jeux spectaculaires dans le champ gauche. Il avait dit oui, mais n'avait en rien diminué son jeu. Il a quand même été excommunié. Et n'a finalement reçu que 5000 $. Shoeless Joe Jackson a vécu pauvre, est mort pauvre, caché dans la honte derrière un comptoir de Liquor Store de la Caroline du Sud.

Pendant des années, Rose a parié en secret sur des matches impliquant l'équipe qu'il dirigeait. Il a trafiqué ses bâtons. Il a remboursé des dettes de jeu en avantageant des parieurs notoires, laissant sur le banc ses meilleurs joueurs. À la demande d'un ami qui lui voulait du bien... Il a toujours été riche et va mourir riche. Il a vendu à fort prix certains de ses objets : bagues, balles, uniformes, bâtons. Peut-être que le rouge et le noir méritent le pardon. Mais le noir avant.

## 5 septembre 1918
DIFFUSION : 4 JUILLET 2002

Des millions de soldats et de civils meurent sur les champs de bataille en Europe. L'Amérique, jusqu'ici silencieuse, ne peut plus rester sur les lignes de côté. Elle entre en guerre.

De ce côté-ci de l'Atlantique, l'entrée de l'Amérique dans la bataille avait écourté la saison de baseball. L'après-midi du 5 septembre, un mois plus tôt que prévu, les Cubs de Chicago accueillent les Red Sox de Boston pour le premier match de la Série mondiale, au Comiskey Park de Chicago. Le partant des Red Sox est un jeune gaucher du nom de George Herman « Babe » Ruth. En septième manche, comme ils le font depuis quelques années, les spectateurs se lèvent et s'apprêtent à chanter le déjà traditionnel *Take Me Out to the Ball Game*. La fanfare de 50 musiciens entame plutôt le *Star Spangled Banner*. Il y avait 19 274 personnes dans le stade ce jour-là, 99 % étaient des mâles. Une femme au baseball, c'était mal vu. Surpris de l'initiative, les joueurs sur le terrain se sont tournés vers l'orchestre et ont porté leur casquette à la poitrine. Les spectateurs ont enlevé leurs chapeaux. En ces heures troubles, où les fils de l'Amérique s'apprêtaient à aller gonfler les statistiques sur les fronts européens, un vent de patriotisme flottait dans les grandes métropoles. Le chef d'orchestre, qui avait pris l'initiative de changer le *Take Me Out* pour le *Oh Say Can You See*, ne savait pas qu'il mettait au monde une tradition. Depuis ce jour, chaque match commence avec l'hymne national.

Quatre-vingt-trois ans plus tard, un mois et demi après le 11 septembre. Avant le match d'ouverture de la Série mondiale entre les Diamondbacks de l'Arizona et les Yankees de New York, au Yankee Stadium, l'hymne national était vibrant. L'annonceur maison présente le chanteur. Daniel Rodriguez, policier de la NYPD, d'origine portoricaine. Il est intimidé quand il s'avance au micro, derrière le marbre. L'ovation aurait ébranlé Gibraltar. D'une puissante voix de ténor, mélodieuse comme un Stradivarius, le policier chante la plus touchante des interprétations de l'hymne américain jamais entendue, de mémoire d'amateur. Sur la toute dernière note «...*and the home of the brave*», un pygargue à tête blanche prend son majestueux envol du haut des estrades du champ centre et vient se poser sur le bras de son guide au monticule. La foule, les joueurs, les téléspectateurs sont subjugués. En 1918, la réalité quotidienne des supervedettes de la balle était bien différente. Le lanceur Grover Cleveland Alexander était dans les tranchées européennes et est devenu sourd à la suite d'une explosion de mortier. Il a aussi aggravé ses problèmes de consommation de boisson. Christy Mathewson, un autre géant, a été empoisonné par un gaz chimique et est mort sept ans plus tard. Ty Cobb était au front. Branch Rickey aussi.

Difficile d'imaginer Barry Bonds, Ken Griffey Jr. et Roger Clemens dans les collines afghanes.

## Qui a tué les Expos ?
DIFFUSION : 28 DÉCEMBRE 2000

Qui a laissé son empreinte sur l'arme du crime ? Suspect numéro un : Jeffrey Loria. Un méga Yvan Demers soufflé à l'hélium. Au début, il apparaissait comme un sauveur. Il aura vite fait de convaincre les plus naïfs (dont moi) qu'il était un fourbe. Il s'est moqué de Felipe Alou en congédiant son bras droit et ami, Luis Pujols, et son instructeur des lanceurs, Bobby Cuellar, avant de sacrifier Felipe lui-même. Ses multiples manœuvres de corridor pour torpiller l'équipe sont indéniables.

Autres suspects : le troupeau d'hommes d'affaires québécois menés par Jacques Ménard, qui n'ont jamais vu ou voulu voir les desseins malhonnêtes de Loria. Ils étaient beaucoup plus occupés à bien paraître, à jouer les héros sur la place publique et à ramasser les profits. Ils ont enfourché les culottes du sauveur. Dans ses culottes-là, malheureusement, y avaient des jambes mais pas de couilles.

Autre suspect : le public. L'indifférence est une maladie moins violente mais plus dévastatrice que la haine. Le club de baseball de Montréal s'est noyé dans une mer d'indifférence. Le club lui-même sur le terrain, entre les lignes blanches, n'a pas comblé les espoirs. À l'instar du club de hockey de la place, les joueurs de Montréal ont fait la queue à l'infirmerie du club, devenue plus embourbée que l'urgence de Sacré-Cœur au mois des grippes.

Mais le vrai coupable, c'est le baseball lui-même. Le virus du profit a eu le dessus sur le jeu. L'absence de vision globale pour le bien-être de l'industrie les a menés au bout de la maladie et les Expos sont les premières victimes. D'autres suivront.

Quand on sait qu'on perdra un de ses proches, que le cancer est nommé et la fin inévitable, il y a révolte puis résignation. Je suis résigné, en deuil d'avance. Le baseball a mis à mort une de ses meilleures organisations. Une organisation qui, pendant trois décennies, a découvert et développé plus de joueurs de talent que quelque autre équipe dans les majeures. Une équipe qui a découvert et/ou développé Moises Alou, Andres Galarraga, Larry Walker, Randy Johnson, Marquis Grissom, Delino Deshields, Pedro Martinez, John Wetteland, Rondell White, Vladimir Guerrero, Jose Vidro. Avant, c'était Dawson, Carter, Raines, Rogers et les autres. La terre des Expos aura été la plus fertile du dernier quart de siècle. Décorée plus souvent qu'à son tour à titre d'organisation de l'année. Pendant que les Braves, les Indians et les Yankees achetaient à gros prix leurs plus beaux légumes, les Expos défrichaient leur terre et faisaient pousser les leurs. Pour être forcés à les vendre une fois qu'ils étaient mûrs.

Le baseball a tué une équipe dont il aurait dû s'inspirer. Le baseball a tué son meilleur fils.

# Des anges et des colonnes

DIFFUSION : 28 OCTOBRE 2002

Quand ils sont nés, en 1962, les Angels de Los Angeles ne savaient pas que le chemin allait être si long avant de poser la première pierre. Avant de monter au paradis de la mémoire. Avant d'ériger le monument.

Ça aura pris 40 ans. Les Angels étaient devenus des *nobodys* par tradition. Changeant de couleur et de nom plutôt trois fois que deux. Des Angels de Los Angeles à ceux de la Californie, puis à ceux d'Anaheim. Les Angels sont arrivés en même temps que les Mets. Les Mets, déjà gratifiés de planter leur champ dans le fertile territoire new-yorkais, ont atteint la notoriété dès leur première année. Passés à l'histoire comme les plus poches des plus poches des plus poches. Tellement poches qu'ils en sont devenus mythiques. Sept ans plus tard, ils ont ajouté la gloire au mythe en gagnant une Série mondiale historique, c'étaient les Miracles Mets de 1969.

Les Angels appartenaient à Gene Autry, une ancienne superstar du disque et du cinéma. Les Angels devenaient la première équipe originale californienne. Les Dodgers et les Giants étaient des énormes chênes transplantés tels quels, à partir du bitume de Brooklyn et de Manhattan, jusque dans le sable chaud. Dans la bataille de la notoriété, Angels *vs* Mets, New York, le berceau du baseball, avait écrasé à ce point Los Angeles qu'on a cru, jusqu'à hier, qu'ils ne s'en remettraient jamais.

Tous les ans en mars, je reçois les guides de chacune des équipes des majeures. Trente bouquins, presque exclusivement composés de colonnes de chiffres. Des colonnes qui semblent très austères et abstraites au novice. Comme un horaire de train. Pour un maniaque, chacune de ces colonnes raconte une histoire. Il y a des histoires qui s'échelonnent sur un match, une année, une carrière. Des histoires de vie, pleines de hauts et de bas, d'espoir. Malgré leur sobriété, qui cache sang et sueur, ces colonnes de chiffres me parlent plus que le meilleur des romans. Année après année, j'ai hâte de voir les nouveaux personnages, de voir comment évoluent les plus vieux, lesquels ont changé de roman.

Dans l'annuaire des Angels, les histoires sont beiges. Il n'y a pas d'histoire. Les colonnes de chiffres semblent pareilles à celles du guide des Giants, Mais à la lecture, elles n'ont rien à voir. Fiez-vous à un fin connaisseur de colonnes de chiffres.

Pour donner vie à des colonnes de chiffres, ça prend des personnages. Avant le personnage, il y a son costume. Pas de 007, sans *tuxedo*. Ni de Ben Hur sans toge. De Superman sans léotard. Pas de Ruth, ni de Gehrig, ni de Mantle, Reggie Jackson, Derek Jeter ou Roger Clemens, sans le N et le Y croisés sur le front d'une casquette marine. Quiconque met cette casquette se met un peu de gloire sur la tête. L'uniforme et la casquette des Angels sont restés dans le placard de l'indifférence pendant quatre décennies. Accrochés à un clou, personne dedans.

Dimanche le 27 octobre 2002, alors que tombait la nuit sur la côte ouest, des anges se sont posés sur les colonnes. Enfin. Tim Salmon, Troy Glaus, Francisco Rodriguez, Darrin Erstad, David Eckstein, Garret Anderson, John Lackey et Troy Percival.

## La casquette

DIFFUSION : 23 AVRIL 2003

Il y avait des milliers de casquettes hier au Stade olympique pour le match d'ouverture entre les Expos et les Marlins de la Floride. Des casquettes trop grandes sur des toutes petites têtes. D'autres sur des têtes grises, usées et décolorées par le temps. D'autres, palettes croches, avec une tuque en dessous, par des ados simili *rappers*. De toutes les couleurs et toutes les allégeances.

La casquette est souvent juste un panneau publicitaire. Des milliers de clubs, de compagnies, d'événements se servent de la tête des autres. Certaines têtes vendent de la bière, de l'huile à moteur, des voitures. D'autres un film, un show ou une station radio. Souvent, on ne comprend pas ce que la casquette énonce. Un signe bizarre, des lettres qui ne disent rien à personne.

La casquette parle. Peu importe sa couleur, son objet, sa forme, son coût ou son originalité, une casquette est un *statement*, comme disent les Finlandais.

Au-delà de ce qui y est écrit, une chose est sûre : la personne sous ce couvre-chef est jeune. Elle a peut-être 6 ans, 12 ans, 20 ans, 40 ou 78. Peut-être quétaine, intello, rocker, hindou ou frisé. Une chose est sûre : cette personne est jeune. Impossible de porter une casquette sans être jeune.

C'est le jeu de baseball qui a créé cette pièce de vêtement, la plus durable et étendue de l'histoire de l'Amérique du Nord. Pas d'autre pièce de vêtement qu'on portait en 1876 et qu'on peut porter comme ça, 125 ans plus tard, sans attirer les regards.

La vraie casquette, l'originale, elle est sur la tête des joueurs et des coaches. C'est une autre caractéristique unique au jeu de balle : les vieux en uniforme. Au baseball, contrairement à tous les autres sports, le coach est habillé comme un joueur. Il fait physiquement partie de l'équipe. Imaginez-vous au hockey ou au football ou au basket-ball, imaginez que dans ces sports le coach soit habillé comme les joueurs. Ridicule. Au baseball, ça va de soi. Claude Raymond a 65 ans et Frank Robinson autant. Le vieux Don Zimmer, l'assistant de Joe Torre avec les Yankees, est habillé comme un joueur et il a 208 ans. N'est-ce pas extraordinaire ? Qu'y a-t-il de plus formidable dans la vie que de ne pas vieillir ? De plus dramatique dans la vie que de vieillir ?

La casquette qu'il y avait sur la tête de Claude Raymond hier était la plus belle. En plus de sa casquette, il avait dans sa main gauche un gant de baseball. Claude Raymond est né avec un gant de baseball dans les mains. Il a 65 ans, il l'a encore. La représentation sur pattes du bonheur.

Hier au stade, il y avait des rayons laser, des joueurs vedettes, de la musique *live*, un champion de boxe, du *Star Académie*, mais ce qu'il y avait de plus beau à voir, c'était Claude Raymond, 65 ans, habillé en joueur de baseball.

# Claude Raymond et Éric Gagné

DIFFUSION : 2 SEPTEMBRE 2003

Claude Raymond est le plus grand imposteur de l'histoire du base-ball québécois. Il a été, jusqu'à l'éclosion d'Éric Gagné, le Québécois qui avait laissé la plus profonde marque dans les stades du baseball majeur. Claude Raymond a lancé tous les ans entre 1959 et 1971. Un grand imposteur. Tous ceux qui l'ont vu lancer, et surtout qui l'ont affronté avec un bâton de baseball, le disent. Claude était un bouledogue déguisé en agneau. Il avait l'apparence, la voix, le regard d'un agneau, avec ses lunettes et sa petite gueule d'intellectuel. Sous cette allure, il y avait un chien enragé, un agressif, qui ne reculait jamais devant personne, pas devant Frank Robinson, pas devant Willie Mays, pas devant l'armée américaine. Claude Raymond, en plus d'avoir une attitude et un talent naturel exceptionnels, était un brillant. Il enregistrait sur son disque dur chaque présence de chaque frappeur qu'il affrontait. Et ne répétait jamais les mêmes erreurs. En 1966, il était au match des étoiles. Aujourd'hui, Claude lève sa casquette à Éric Gagné.

*« Éric Gagné est un surhomme »*, dixit Claude Raymond.

Ce que Gagné réussit cette année n'a jamais été réussi avant au baseball, le plus vieux sport d'Amérique. Éric Gagné détient le record le plus lourd de valeur jamais atteint par un athlète québécois : 84 matches sauvés consécutifs.

Le baseball majeur est le niveau le plus difficile à atteindre dans tous les sports de ce côté-ci de l'Atlantique. De l'atteindre, c'est exceptionnel. De le dominer comme Éric Gagné le fait dépasse l'imagination du plus fou d'entre nous.

Que fait Éric Gagné de plus que les autres ? Pourquoi est-il meilleur que les autres ? Une partie de la réponse est technique : une rapide à 98 milles à l'heure, une courbe à rendre jalouse Mariah Carey, un changement de vitesse aussi mélangeant que de passer d'Albert Einstein à François Pérusse dans la même conversation. Il se présente tous les soirs avec un arsenal terrifiant : une intelligence supérieure, de l'imagination, une précision de chirurgien et de l'énergie.

Pour accéder à ce niveau de compétition, il faut beaucoup d'énergie. Pour faciliter la compréhension, traduisez « énergie » par « rage ». Éric produit beaucoup de rage. Il a l'intelligence et le pouvoir de l'emmagasiner, de ne jamais laisser sortir le moindre filet de rage, en dehors du monticule. Il est un individu de commerce très agréable. Sa rage est imperceptible en dehors du terrain. Mais on sait qu'elle est là. Tous les jours il fait le plein et tous les jours il garde sa rage en lui.

Quand il était lanceur partant, il avait la même approche. Sauf qu'il avait sept manches pour laisser s'échapper la pression à tous les cinq jours. Depuis trois ans, il emmagasine la même rage, sauf qu'on lui donne une manche pour la laisser s'échapper. La neuvième. Tous les jours, si la situation l'exige. La manche de la dernière chance pour l'équipe adverse. Alors le presto est à son maximum. La rapide, la courbe, le changement de vitesse, la précision et l'intelligence viennent avec une dose massive de rage. Toute cette rage compressée dans une balle. Arrive ce qui arrive : personne ne peut le battre.

## Le lundi 3 octobre 1951
DIFFUSION : 17 SEPTEMBRE 2002

1951. On a pris le *bebop* et le *gospel*, on les a saupoudrés d'un peu de *country*, d'une pincée de *blues*, on a laissé mijoter et on s'apprête à goûter au *rock'n'roll*. Une maison sur 10 a maintenant cette boîte magique qui a tassé la radio dans la cuisine. La télévision.

Depuis que le baseball a planté son champ dans la métropole américaine, il y a trois équipes professionnelles à New York. Il y a les Giants, la gloire de la Ligue nationale. Il y a les Yankees qui depuis 30 ans, depuis le Babe, sont les champions incontestables. Il y a les Dodgers de Brooklyn. Les parents pauvres, les éternels *losers*, surnommés *Them bums*. Ils jouent à Ebbetts Field, au milieu d'un quartier pauvre, *Pigtown*, peuplé de Noirs, de juifs et d'Irlandais. Les édifices de Manhattan, de l'autre côté de la East River, regardent Brooklyn de haut.

Depuis quelques années, les Dodgers sont dans la bataille. Les vrais adversaires des Dodgers sont les Giants, les deux sont dans la même ligue. Pendant tout l'été, année après année, ils se battent comme des chiens enragés. Leurs partisans ne font pas de quartier.

Au milieu du mois d'août 1951, les Dodgers détenaient une insurmontable avance de 13 matches sur les Giants. Puis, les Giants se sont mis à gagner. À gagner et à encore gagner. Les Dodgers n'arrêtaient plus d'en échapper. Au dernier match de la saison, les Giants et les Dodgers sont sur un pied d'égalité en tête. Vous vous rappelez de la haine viscérale qui existait entre les partisans des Nordiques et ceux des Canadiens? Entre les supporteurs des Dodgers et des Giants, c'était cent fois pire. Il y avait dans cet affrontement tout le poids du temps et de l'histoire. Les décennies de misère des Dodgers et celles de gloire des Giants. Pire que républicain *vs* démocrate. Pire que prostestant *vs* catholique, que Noir *vs* Blanc. Partisans des Dodgers et partisans des Giants: c'était la guerre. La saison est finie, ils sont égaux en première place. Une seule équipe doit passer. Il y aura une série « 2 de 3 » pour déterminer laquelle.

Les Giants gagnent le premier match 3-1. Bobby Thomson avait frappé un circuit de deux points, en quatrième manche. Giants 1-0. Les Dodgers gagnent le deuxième match, 10-0. C'est 1-1. L'issue de la saison 1951 sera donc décidée par un seul match. Les Dodgers contre les Giants, au Polo Grounds.

Pour la première fois de l'histoire, la télévision diffuse un match décisif, en direct. Ce lundi-là, New York n'existe plus. Sous son ciel gris, il n'y a plus d'édifices, ni de bureaux, ni d'églises. Il n'y a que le match trois. Dix millions de New-Yorkais divisés en deux clans. À la fin de la neuvième manche, les Giants se présentent au bâton. Les Dodgers mènent 4-1. Trois retraits et Brooklyn ira se frotter aux Yankees en Série mondiale.

Alvin Dark est au troisième coussin et Don Mueller au premier. Whitey Lockman frappe un double. Dark vient marquer et Mueller, en glissant au troisième but, se blesse à la cheville. C'est 4-2, Brooklyn. Clint Hartung vient courir pour Mueller qui quitte sur une civière. Au bâton, Bobby Thompson. Au monticule, en relève à Don Newcombe, Ralph Branca. Une balle, une prise. Thompson assassine le troisième lancer de l'Italien. En quatre secondes, le temps pour la balle de quitter le bâton de Thompson et d'atteindre les estrades populaires de gauche, un orgasme sans précédent explose dans les estrades et se répand comme une vague atomique dans la métropole. Le circuit de Thompson est passé à l'histoire du sport.

« *The shot heard around the world.* »

## La République dominicaine
DIFFUSION : 14 NOVEMBRE 2002

Il y a quelques livres de baseball qui sont publiés dans une version rééditée à toutes les années. Le *Baseball Record Book* est un de ces livres, sans doute le plus populaire. Le *Baseball Guide*, qui retrace toute l'histoire de toutes les saisons, individuelles et par équipe. On peut y suivre match après match, depuis plus de 125 ans, toutes les petites et les grandes aventures des ligues majeures. Il y a le plus austère, le *Baseball Players Register*.

Dans ce livre sont listés tous les joueurs de toutes les équipes. Tous ceux qui ont un contrat avec une organisation des majeures. Jusqu'à 150 joueurs par équipe. La moitié de ces jeunes joueurs, personne ne connaît. Pour chacun des inscrits, de la superstar au futur *nobody*, il y a la taille, le poids, la patte avec laquelle il lance, où il est né, les statistiques. Sur la ligne *Place of birth*, quelques centaines ont écrit « Dominican Republic ». Per capita, il y a 10 fois plus de Dominicains que d'Américains. Il pousse du Pedro, du Sammy, du Vladimir, du Moises dans tous les villages du pays. Entre la République dominicaine et le baseball majeur, ce ne fut pas toujours une autoroute à huit voies, aller seulement. Au milieu des années 1950, pour le premier, le découvreur, le pionnier, c'était une forêt. Une forêt dense de préjugés raciaux et culturels, ancrés au baseball depuis toujours. Un univers impénétrable, agressant, miné par la droite blanche et l'argent qui détenait tous les pouvoirs. Fallait être fait fort. Jackie Robinson avait traversé la ligne raciale 10 ans plus tôt. Robinson a eu un impact social indiscutable. Mais Jackie avait quand même quelques armes : il avait sa langue, il avait sa culture, il avait ses années dans l'armée américaine, il avait son éducation et il avait surtout Branch Rickey, son protecteur et promoteur. Un Blanc, intellectuel, riche aristocrate, très influent et crédible.

Felipe Rojas Alou n'avait rien. Ni la langue, ni la culture, ni l'expérience, ni le papier universitaire, ni Branch Rickey, ni rien, ni personne que son œil au bâton, sa mite, et sa colonne vertébrale toujours droite. Seul au monde. Il a ouvert la voie. Puis on s'est mis à marcher dans ses traces, à commencer par ses deux frères, Jesus et Mathieu. Les valves sont maintenant toutes grandes ouvertes. Felipe a 70 ans et il retourne aux sources avec les Giants de San Francisco. C'est dans le vestiaire des Giants en 1958 qu'on a vu et entendu un Dominicain. Sa force de caractère est devenue plus forte, sa résistance aux abus, plus résistante, son implacable besoin de rester debout, plus implacable. Son corps est dur, son cœur est dur, sa tête est dure. Ses principes et sa morale sont ancrés.

Imaginer le baseball d'aujourd'hui sans les Dominicains, c'est imaginer le hockey sans les Européens. Ne pas reconnaître l'apport de Felipe Rojas Alou, c'est montrer qu'il y a peut-être l'autoroute à huit voies, mais dans le sol, profond dans le sol américain, on n'a jamais tué les racines du préjugé.

# Souvenirs d'une soirée dans la cité des anges

DIFFUSION : 12 OCTOBRE 2004

Dimanche 10 octobre 2004. Nous sommes arrivés 30 minutes avant le début du match. Partout autour du stade, il y a des petites familles qui pique-niquent. Dans le véhicule d'Éric Gagné, un gros Hummer, le beau-père est au volant. Valérie et les deux petits Gagné : Maddox, neuf mois, et Faye, bientôt quatre ans. Il y a France, mon amour chérie, sous son t-shirt numéro 38, et il y a l'heureux moi. Le gros lanceur est arrivé depuis plus de trois heures. On est passé devant la photo d'Éric, 60 pieds de haut par 40 pieds de large, qui orne l'entrée du Dodgers Stadium. Nous sommes entrés dans le stade par le corridor des joueurs et avons laissé, en passant, les deux petits à la garderie des joueurs, là où une demi-douzaine de gardiennes s'occupent des tout-petits, tandis que les tout-grands jouent. Et que les blondes des tout-grands crient ou pleurent. Dépendant de ce que font les chums, tout en bas sur le terrain. Dans l'ascenseur juste à côté de moi, il y a un monument. Un monument appelé Maury Wills, dont les plus vieux se souviendront. Le roi des voleurs de buts, joueur de l'année en 1963, j'avais neuf ans. Il a aussi été la première vedette des Expos de Montréal. Il n'y a aucune place libre dans l'énorme stade. La foule de 56 268 personnes est la plus grosse de l'histoire du stade.

Le Dodgers Stadium a été ouvert en 1963. Fruit de l'imagination d'un constructeur original, il est installé dans le fond d'un ravin, comme un bijou dans le fond de son écrin. Le terrain est manucuré avec plus de soin que les orteils de Mitsou, à Noël. Dans la boutique de souvenirs située tout en haut, c'est les chandails 38, les *bubbleheads* 38, les balles signées par le numéro 38 qui se vendent le mieux.

N'oublions pas que nous sommes à Los Angeles, à 15 minutes de Beverly Hills, en plein cœur de Tinseltown, alors on ne peut pas se permettre d'avoir un écran géant ordinaire. L'écran des Dodgers est spectaculaire et clair comme une télé couleurs 20 pouces. Avant le match, on y montre les faces les plus connues qui sont venues encourager les Dodgers. Il y a le chanteur de Red Hot Chili Peppers. Il y a Kid Rock. Il y a Nick Lachey de 98 Degrees. Il y a Pat Sajack, l'animateur de *Wheel of Fortune*. Il y a le gouverneur de l'État, Arnold Schwarzenegger, accompagné de sa madame, la cousine des Kennedy. On présente les joueurs. C'est encore le gars de Mascouche qui ramasse la plus grosse claque.

Le ciel est bleu comme dans un rêve. Dans le fond, tout là-bas, on voit les montagnes dorées et les palmiers qui ceinturent le stade. Le monsieur qui vend des sacs de peanuts a 62 ans, il a un toupet tellement évident, c'est peut-être une joke. Il y est depuis l'ouverture en 1963 et a développé une technique formidable pour lancer ses sacs de peanuts. Il les lance sans regarder, par-derrière son dos et atteint la cible à tout coup, à 50 pieds et plus du client. Il y a un jeune Latino qui marque la partie dans son grand cahier. Il y a toute la foule habillée en bleu et blanc. Du nombril tout en bijou. Du *botox* à la pelle et des ballons de plage qui volent d'un spectateur à l'autre. Il y a un homme, né dans le quartier Rosemont au milieu des années 1950, qui pourtant ce soir n'a que 12 ans. On le reconnaît facilement. C'est celui qui mange ses peanuts, en criant en français, et qui a un petit *spot* de moutarde échappé de son *Dodger Dog* sur ses jeans. Souvenirs d'une soirée dans la cité des anges.

## Attraper une balle

(INSPIRÉ PAR RICK REILY)

DIFFUSION : 4 JUILLET 2001

Les idées sont dans les airs. Au sol et aux aguets, il y a des attrapeurs d'idées. Quand l'idée passe, le plus vite l'attrape au vol et la couche sur son papier, la peint sur sa toile, la sculpte sur sa pierre à savon où la joue sur sa guitare. Il arrive des fois que deux attrapeurs aient vu la même idée en même temps. Le plus vite ramassera le crédit et peut-être le chèque qui vient avec. Des fois le deuxième, mort de jalousie, s'empare de l'idée quand même. Comme là. Mon éditorialiste favori dans le sport est Rick Reily, qui signe une chronique hebdomadaire dans le *Sports Illustrated*.

Dans une des dernières éditions du magazine, Reily signe un article sur un sujet que je connais bien. Mes deux plus jeunes fils sont des maniaques de baseball. Depuis deux ans, quand nous allons au stade, nous arrivons deux heures d'avance. Les gars veulent attraper des balles. Or n'attrape pas des balles qui veut, il y a des lois à respecter, quelques trucs à connaître. Le type dont Reily parle a ramené à la maison 1780 balles depuis 11 ans. Chez nous, Simon en est à 150, en deux ans. La façon la plus sûre d'attraper une balle n'est pas d'attendre le coup de circuit, mais de téter une balle à un joueur. Pour rendre efficace le tétage :

- Il est primordial d'avoir les casquettes des deux équipes en présence, qu'on change selon le joueur à qui on s'adresse. Ken Griffey ne vous donnera pas de balles si vous arborez la casquette des Expos ;

- Il faut pouvoir identifier les joueurs généreux. Comme Todd Hundley, le numéro 99 des Cubs, et Antonio Alfonseca, numéro 57 des Marlins, Steve Kline, maintenant avec les Cards de Saint Louis, numéro 44. Le releveur coréen des Diamondbacks, le numéro 49, Byung Yum Kim. Dans le carnet de notes de Simon, ce sont des cinq étoiles ;

- Il faut savoir demander une balle en espagnol : « *Ouna pelota, Antonio, por favor* » ;

- Ne jamais interpeller un joueur par son numéro : « *Aye number 24, give me a ball!* » Pas bon. Il faut dire : « *Mister Griffey, give me a ball please* » ;

- Si vous êtes âgé de 15 ans ou plus et que votre voix est déjà grave, il faut vous efforcer de parler plus haut. Les joueurs préfèrent donner des balles aux plus jeunes ;

- Il peut être utile d'apporter un ou deux tee-shirts de rechange, pour ainsi pouvoir téter le même joueur deux fois sans qu'il s'en doute ;

- Il ne faut jamais se tenir à côté d'un gars de six pieds avec une mite. Quand la balle viendra dans votre direction, il va vous la sauter. Recherchez plutôt les personnes âgées qui se déplacent difficilement ;
- Ne jamais interpeller un joueur qui se lance la balle avec un autre. La balle susceptible de se retrouver dans votre mite en est toujours une qui ne sert pas ;
- Si vous avez un neveu ou un cousin de quatre ou cinq ans, c'est un excellent appât. Vous le faites crier après un joueur, quand celui-ci l'aperçoit, il est attendri et lui lance une balle ;
- Vous vous interposez, attrapez la balle, et faites ensuite semblant de la remettre au petit. Le joueur vous trouvera sympathique et vous en lancera une autre. Achetez une poutine à votre petit cousin, pour la job ;
- La cousine de 22 ans est aussi un excellent appât.
Bonne pêche.

Si vous optez pour les attraper, plutôt que de les téter, les zones les plus payantes sont les deux zones des fausses balles, les bancs au bout de la ligne du troisième but pour les frappeurs gauchers, au bout de la ligne du premier pour les droitiers

## Monsieur Johnson et les Red Sox
DIFFUSION : 28 OCTOBRE 2004

Monsieur Paul Johnson a 87 ans. Il est né en 1917. Il avait trois ans quand son père avait débarqué du tramway et était rentré à la maison, déprimé. Le salaud de Harry Frazee, ce maquereau impénitent, soûlard et propriétaire des glorieux Red Sox, a vendu le Babe à cette gang de poires de New York, qui n'ont jamais rien gagné. Une insulte.

Ainsi a commencé la déprime du père de monsieur Johnson. Le pire prenait forme dès 1920. Grâce au Bambino, les *damned* Yankees, d'année en année, bâtissaient une, deux, trois et quatre dynasties. Les Red Sox sombraient un peu plus d'année en année.

Monsieur Johnson a enterré son père un peu avant la Deuxième Guerre mondiale. Il avait 24 ans. L'année suivante, il s'envolait lui-même pour l'Europe qu'il a aidé à libérer. Tout comme son idole, Ted Williams. Le fameux numéro 9 des Red Sox a passé trois ans dans l'armée. Monsieur Johnson le soulignait : « *Williams n'est pas allé à la guerre en touriste, ou en grattant du papier à Washington, comme Jos Dimaggio des Yankees. Non, monsieur. Williams était pilote d'avion et a abattu des avions japonais. On l'a décoré.* »

En 1946, après la guerre, quand tous les joueurs soldats sont revenus sur le terrain, les Red Sox, après 28 ans de disette, sont passés à une victoire de battre Saint Louis. Monsieur Johnson, avec sa fiancée à son bras et son père en tête, était à Fenway quand Johnny Pesky a gaffé et donné le titre aux ennemis. Les Cards de Saint Louis de Stan Musial.

Monsieur Johnson avait 50 ans, en 1967, quand il est allé à Fenway avec son fils Steve, jeune écrivain de 20 ans aux cheveux longs et aux orteils à l'air. Dans son vieux Dodge Polara, sur le chemin de Fenway, il lui racontait que les Red Sox souffraient depuis maintenant un demi-siècle.

Ils ont vu le septième match. Une défaite, 7-2 aux mains du féroce Bob Gibson et des Cards de Saint Louis.

1986. Monsieur Johnson est retraité, il a 69 ans et un petit peu d'argent. Le 25 octobre, il se paie une traite. Il est allé à New York avec son petit fils, Mark. Cette fois, c'était contre les Mets de New York. Il y a bien des entrejambes célèbres sur la planète, mais dans la région de Boston, le plus célèbre est sans doute celui de Bill Buckner. Buckner a eu une longue carrière, parsemée de succès. Il a joué 21 ans, il a été impliqué dans plusieurs courses au championnat, il a frappé 2715 coups sûrs, une moyenne à vie de 289. Des chiffres que certains membres du Temple de la renommée n'ont même pas atteints. Mais la très longue carrière de Buckner ne compte pas. Ses 21 années à trimer dur, à performer, ne signifient rien. Il est passé à la postérité à cause de son entrejambe. Monsieur Johnson et son petit fils ont tout vu. Une balle mal frappée mollement par Mookie Wilson, un petit roulant innocent le long de la ligne du premier but a trouvé son chemin sous son gant. Trois secondes, et la carrière de Buckner a été *flushée.* Le retour à Boston a été long et silencieux, dans la Chrysler de grand-papa.

27 octobre 2004. Le frêle monsieur Johnson est alité dans un centre pour personnes âgées de la banlieue de Boston. Il est 21 heures. Dans le ciel de l'Amérique, une éclipse de lune. Le volume est très fort. Un peu dépassé minuit, le soleil de nuit a éclairé la Nouvelle-Angleterre et effacé la misère de Bill Buckner. Un sourire est venu éclairer le visage d'un vieillard de 87 ans, qui était avec son fils de 57 ans qui n'avait plus les orteils à l'air. Son petit-fils de 28 ans et son arrière-petit-fils de quatre ans. Monsieur Johnson a fermé les yeux, et a dit à son père et à Ted Williams de dormir en paix. Enfin. Les Red Sox de Boston ont passé 86 ans au purgatoire, avant de savourer le champagne et d'adoucir la fin du livre d'un vieux monsieur.

# Chapitre VI

# N° 27, Vladimir Guerrero

## Vlad dans les étoiles

DIFFUSION : 6 JUILLET 2000

Les journalistes sont sévères à l'endroit de Vladimir Guerrero. Hier, quand il a été nommé par Bobby Cox pour joindre ceux qui avaient été élus par le peuple au match des étoiles, les journalistes ont voulu connaître ses réactions. Vladimir s'est assis devant son casier, a mis son walkman et a refusé de parler.

P.J. Loyello, le responsable des relations avec les médias, a demandé deux fois à Vladimir. Deux fois Vladimir a dit non. Dans le grand livre des lois non écrites, il est spécifié que ça ne se fait pas. Si l'athlète connaît un mauvais match. S'il est dans une mauvaise passe. S'il a été injustement égratigné par la presse, passe encore. Mais dans les conditions actuelles... Vladimir est continuellement flatté par tout le monde. On le louange. On ne lui fait jamais de misère. On l'aime. On le traite en roi. Et voilà qu'il nous sert le *silent treatment*? Les gars du *beat* ne l'ont pas trouvé comique.

Vladimir est une bête sauvage. Aucun rapport entre son milieu naturel et l'univers dans lequel il évolue. Contrairement à ce qu'on

peut penser, Vladimir a une personnalité très forte. Je le soup-
çonne d'être incapable de mentir. Il vient d'un village, Nizao Bani,
où manger tous les jours est un défi. Avoir des souliers, un luxe. Un
gant de baseball neuf, impensable. Dans un village où la *bullshit*
aussi est un luxe. Il a vécu toute sa vie dans une pauvreté qu'on
ne comprend pas au nord du 45ᵉ. Ça rend son homme carré. S'il
n'avait pas choisi de se taire, Vladimir aurait probablement déclaré :

> *« Ce que je pense du fait que Bobby Cox m'ait choisi ? Je pense que
> c'est de la merde. Avec la première moitié de saison que j'ai connue,
> j'aurais dû être un partant. Barry Bonds, peut-être, a une meilleure
> saison que moi. Sosa ? Griffey ? Nunca. C'est la faute à qui ? On me
> dit que je suis quatrième. Je sais que je suis deuxième. Peut-être pre-
> mier. J'ai pas reçu assez de votes. Y a pas assez de monde pour voter,
> au stade ? Mon grand boss Loria ne fait rien pour régler le cas ? Il
> chasse la télé, chasse la radio anglaise, chasse mes supporteurs ? La
> presse donne plus d'espace à Jean Coutu, Jacques Ménard et David
> Samson, qu'à Cabrera, Vidro ou Guerrero. Est-ce que je suis le seul
> ici à me grouiller le cul pour que ça marche ? »*

Sa mère lui a dit toute sa vie : *« Pense d'abord, agis ensuite. Ne
parle pas. »*

Il a mis son walkman.

## Match des étoiles du baseball majeur 2000
DIFFUSION : 12 JUILLET 2000

Bob Costas, un des animateurs sportifs les plus crédibles aux États-
Unis était dans la boîte des annonceurs pour le match des étoiles.
Joe Morgan, l'ancien joueur de deuxième but de la Big Red
Machine de Cincinnati des années 1970 et 1980, était son analyste.
Morgan est au Temple de la renommée. Le match des étoiles est un
festin annuel très prisé par tous les amateurs de baseball ici et aux
États-Unis. Au milieu de l'été, la pause des étoiles marque le temps.
La moitié du chemin est fait, on entreprend le dernier droit. Dans
la culture américaine, très axée sport et *showbiz*, cette partie de

balle annuelle, une semaine après l'Independance Day, est un jalon sur lequel les yeux sont fixés, peu importe si ce sont les yeux des férus ou des païens de la balle. L'été reprend son souffle, a laissé le printemps derrière, vise l'automne. On respire par le nez avant de repartir.

Pour la télévision aussi, c'est un événement. L'été, c'est la saison où la télévision aussi prend son souffle, où les grands chefs télévisuels s'enferment dans leurs cuisines, concoctent le menu de la prochaine saison, préparent les chefs-d'œuvre et les désastres. Le petit écran, l'américain en particulier, profite de l'été pour offrir beaucoup de sport. Le match des étoiles est un plat de résistance.

En début de match, Morgan et Costas ont parlé des «deux joueurs à surveiller». Des deux étoiles parmi les étoiles. Dans la Ligue américaine, une vedette établie malgré son jeune âge : Ivan Rodriguez, dit Pudge, receveur des Rangers du Texas. Morgan dit qu'il est meilleur que Johnny Bench, son glorieux ex-coéquipier. Le joueur numéro un dans la Ligue nationale est un nouveau, une face que 96 % des téléspectateurs ne pouvaient identifier. Le numéro 27 des Expos de Montréal. Ce que Morgan et Costas ont dit de Vladimir Guerrero avait une longueur d'avance sur l'éloge.

*« Vladimir Guerrero est le meilleur joueur de baseball sur la planète. Il est Willie Mays, il est Roberto Clemente, il est Mickey Mantle avec des genoux. Un canon à la place du bras droit, de la puissance, des mains ultrarapides, de la vitesse et un œil vif. »*

Ils en ont rajouté. Cette intervention d'une minute. C'est là que Vladimir Guerrero est né dans l'imaginaire américain. Dans la nef de la cathédrale de la télévision, baptisé par deux grand prêtres, Bob Costas et Joe Morgan.

*« Je ne lui lancerai plus jamais une seule prise »* (Greg Maddux, Braves d'Atlanta, cinq fois Cy Young).

*« Il y a sept ans, c'était Barry Bonds. Il y a trois ans, c'était Ken Griffey. Cette année, c'est Vladimir Guerrero. C'est le meilleur joueur ici »* (Roberto Alomar, Indians de Cleveland).

*« Le numéro un, sans doute : Vladimir Guerrero »* (Gary Sheffield, Dodgers de Los Angeles).

Vladimir Guerrero, la star, est né le 11 juillet 2000, à Atlanta en Georgie.

Dans le match d'hier, à chaque fois que la caméra nous le renvoyait sur l'écran, Vladimir souriait de toutes ses dents. Pas le sourire d'un Kid Kodak, celui d'un enfant heureux. Il a dit de Montréal que c'était le paradis.

*« Je joue avec mon frère, j'aime mon gérant et mes coéquipiers. J'aime la ville, j'aime les Montréalais, qui sont toujours gentils. »*

J'aime Vladimir Guerrero.

## Maman Guerrero

DIFFUSION : 28 AOÛT 2001

Madame Guerrero est toujours au stade au milieu des épouses des joueurs, à gauche du marbre. Un peu plus haut que les V.I.P. Son petit-fils est sur ses genoux. Le fils de Vladimir.

J'imagine la scène. Ils sont à la table de cuisine de leur modeste petite maison à Nizao Bani, en République dominicaine. C'est l'hiver. La saison morte de Vlad.

*« Regarde-moi dans les yeux. Regarde mes mains et regarde mes pieds. Regarde-moi. Tu viens de moi, je t'ai amené au monde. Tu m'as vu peiner pour pouvoir mettre une bouchée dans ta bouche, dans celle de ta sœur et de tes frères. Je suis fière de toi. Je le serai toujours. Je vois ce qui se passe aux États-Unis avec les jeunes comme toi, qui sont bénis par Dieu. Ils deviennent riches. Tu l'es devenu. Tu es devenu plus riche que tout le village, et que le village voisin, et que l'autre village. Tu es toujours mon fils et tu n'es pas meilleur que ton cousin qui cultive sa petite terre, ni que ton oncle qui répare les souliers ou que ton voisin qui est malade. Si un jour tu vois quelqu'un d'autre que toi-même dans le miroir, tu seras quelqu'un d'autre. Plus mon fils. Je t'aime. Sois toujours mon fils. »*

Vladimir a regardé sa mère en pleine face. Il n'a rien dit.

Vladimir ne parle pas beaucoup, même pas à sa mère.

# Lettre à mon idole

DIFFUSION : 8 NOVEMBRE 2001

Quand tu es arrivé à Montréal, raide maigre, gêné, avec des poignets plus vite et plus puissant que la foudre, directement de Nizao Bani, le plus humble des villages des Caraïbes, on n'a pas su tout de suite que tu ne savais pas lire, ni écrire. Ceux qui connaissaient la *game* ont propagé la nouvelle : « *Ce jeune homme, cet adolescent tout neuf, désarticulé avec des jambes de huit pieds, est une future très grande étoile.* »

Aujourd'hui, tu es le meilleur joueur de baseball au monde. Tu n'es pas encore dans le *spotlight*. Tu joues à Montréal et tu ne parles pas l'anglais. Les caméras et les micros ne te trouvent pas très payant. Oui, quand tu cours, quand tu frappes ou que tu renvoies une balle au marbre, du fond du champ droit, comme un missile. Mais pas de gros plan. Pas de déclarations surtout. Tu parles un mauvais espagnol.

Si la magie de ton jeu était celle d'un Californien, Noir ou Blanc, avec mille médailles au cou, on te verrait partout, tout le temps. Sur les boîtes de céréales, dans des Nike, au comptoir de MacDonald's, dans ta rutilante Budget-Rent-A-Car. L'humilité de la terre qui t'as vu devenir le magicien que tu es a des répercussions aujourd'hui : tu es un fruit sauvage, trop rare, pas commercialisable. Les athlètes professionnels transportent leurs valises d'une ville à l'autre, d'un château à l'autre, d'une femme à l'autre aussi, au gré des offres. La notion d'équipe a été engloutie par la maladie du profit individuel. Les équipes changent et varient selon leur richesse et leur profitabilité. Certaines s'en vont par en haut, d'autres par en bas. La notion de fidélité est disparue. Fidélité d'un joueur envers sa formation. Fidélité d'une équipe à un public. La fidélité d'un partisan à son équipe se mortifie avec le temps. Il devient ridicule pour un fan de sport comme moi de tenir à son équipe, d'autant plus que mon équipe s'en ira bientôt.

Je jure fidélité non pas à une équipe, mais à un individu. Où qu'il joue, dans quelque ville et avec quelque chandail que ce soit.

Comme tu étais le joyau de feu mon équipe. Tu es mon élu. *Go Vlad.* C'est maintenant à travers toi et tes exploits quotidiens que je vais m'intéresser au baseball. Je te regarderai frapper, courir, glisser, attraper, bouder ou crier, et j'applaudirai. Si, en bonus, tu restes ce que tu es, sauvage et têtu, et que ton talent soit ton seul langage, que tu te cramponnes à tes racines, à ta langue et à ta culture, je vais crier deux fois plus fort. Et je dirai à mes fils : «*Regardez Vladimir, et faites comme lui.*»

Un homme, en apparence sans arme, plus fort que la machine.

## Bye bye, baseball
DIFFUSION : 1er OCTOBRE 2002

Pour son chant du cygne, discrètement, dans l'indifférence d'un stade écho, coin Pie IX et Sherbrooke, le baseball montréalais nous offre le dernier des vrais. Dimanche, Vladimir a frappé son 32e, je ne l'ai pas regardé contourner les buts, j'ai regardé sa mère. Elle s'est levée et elle a applaudi. Contourner le troisième but en regardant ta mère qui t'applaudit, ça vaut combien ?

Depuis deux jours, le grand silencieux est allé ne rien dire à Nizao Bani. Vladimir Guerrero a quitté Montréal au bout d'une saison où, encore une fois, il a réécrit quelques paragraphes du livre des records des Expos. Il en a chatouillé quelques-uns du livre du baseball majeur.

Vladimir est mal connu ici. Imaginez à Baltimore, à Seattle ou à Tampa Bay. Un diamant s'est caché chez nous pendant sept ans. Louis Armstrong jouait son clairon devant nos quarts de salle. Baryshnikov dansait dans notre sous-sol d'église. Riopelle vendait ses toiles avec son chien, dans notre Vieux-Montréal. Vladimir Guerrero était dans notre champ droit.

On a souvent déploré le fait que Vladimir ne se soit pas manifesté auprès de son public plus tôt, qu'il ne se soit jamais montré chaleureux. Vladimir est mon athlète favori parce qu'il ferme sa gueule. Il ne me parle pas. Ne vous parle pas. Ni à Touchette ou à

Jacques Doucet, ou à son voisin. Il ne parle pas à NBC. Ni au *New York Daily News*. Pas plus à ESPN, Bob Costas ou au pape. Il ne fait pas le beau pour la lentille du *Sports Illustrated*. Sans narguer personne, il tourne le dos. La grosse machine médiatique le méprise. Il ne parle jamais d'argent. Le meilleur joueur au monde gagne cinq fois moins que Alex Rodriguez, quatre fois moins que Bonds et Griffey, trois fois moins que Derek Jeter, Bernie Williams, Greg Maddux, Nomar Garciaparra, Gary Sheffield, Shawn Green, Sammy Sosa, Jeff Bagwell, Pedro Martinez, Roberto Alomar. Ne s'est jamais plaint. N'a jamais boudé. N'a jamais dit « ouch ». Ne sait pas ce qu'est un frein. Il joue. Il est payé (très peu, selon les critères) pour jouer. Pour s'exprimer entre la ligne du premier et celle du troisième. Payé pour mettre la balle l'autre bord. Pour donner tout ce qu'il a à donner : son talent. Son talent, c'est ça : la balle. Il n'a pas à donner ce qu'il n'a pas.

Vladimir Guerrero est un analphabète. Il ne sait ni lire, ni écrire. Il parle peu et mal, même sa propre langue. Sorti de Nizao Bani, un petit village dominicain, avec comme seule arme, son *bat*. Il est devenu le meilleur sur la planète avec son *bat*. Le seul athlète en Amérique qui tourne le dos au système et à ses lois. Ce système cancéreux qui nous coûte nos Expos. Tu es connu ? Il faut que tu fasses le fin, le beau, le parfait. Que tu souries et que tu dises à tout le monde la couleur de tes bobettes et avec qui tu baises.

« *Fuck le système. Je ne suis pas un personnage de votre téléroman quotidien, je suis un joueur de balle. Je joue à la balle. C'est tout.*

*— Oui, mais il pourrait dire merci une fois de temps en temps à ceux qui l'applaudissent.* »

Il le dit à chaque fois qu'il se présente sur le terrain. Pas besoin de parler pour dire merci. Grouille-toi le cul. Y'en a *un* comme ça en Amérique.

Il était dans notre cour.

## Carrousel

DIFFUSION : 15 SEPTEMBRE 2003

C'est parce que je suis dans sa ligne de vision. Cette saison, à chaque fois que Vladimir s'installait dans le cercle d'attente avant d'aller éblouir ses fans, j'avais l'impression qu'il me regardait pendant trois, quatre secondes. Il y a quelques semaines, je me suis aperçu que je suis assis dans sa ligne de vision, entre lui et sa mère. C'est sa mère qu'il regarde. C'est pas moi. Sa mère ne manque jamais une partie des Expos. À chaque fois qu'il termine sa course autour des buts, quand il vient de frapper une autre de ses fabuleuses bombes, juste avant de mettre son pied sur la plaque et d'actionner le compteur de point, il se tourne vers sa mère et lui envoie un baiser, ainsi qu'à Dieu.

Le carrousel (un simple, un double, un triple et un circuit) que Vladimir a frappé hier est un fait d'arme rarissime au baseball. Chez les Expos, depuis 35 ans, il s'en est frappé six. Un à tous les six ans. Et chose encore plus rare, sur ces six carrousels, deux ont été réalisés cette année. Le 24 juin, jour de la Fête nationale, par Brad Wilkerson. Hier, le dernier dimanche après-midi de baseball de l'année, son dernier dimanche après-midi avec nous, le roi Vlad, mon idole, nous en a offert un.

Malgré la grande joie qu'il m'a donnée quand il a frappé son quatrième coup, le circuit dans la droite, et malgré la foule restée debout à hurler pendant quatre minutes qui a continué à murmurer pendant cinq autres, j'ai eu le cœur gros et les yeux dans le rouge. C'était son dernier exploit ici, son cadeau d'adieu. Le moment était bien choisi : un dimanche de septembre qui ressemblait à un dimanche de juillet.

Guerrero va recevoir une offre de 15 millions de dollars par année et cette offre ne viendra pas des Expos. Mais elle viendra. Elle ne sera que de 15 millions de dollars, parce que dans la colonne image, dans la colonne potentiel promotionnel, médiatisation, endossement publicitaire, bijoux photographiables et déclarations incendiaires, Vladimir est deux fois moins que zéro. Il ne vaut rien en dehors du terrain. Si Vladimir était comme Bonds, Al Rod ou Sosa : il gagnerait 30 millions.

L'Association des joueurs sait que Vladimir est la perle rare des agents libres cette saison. Elle va exercer une pression énorme pour que notre unilingue espagnol comprenne qu'il ne doit pas « tuer » le marché en signant pour moins que ce qu'il vaut. Son agent commissionné va se charger aussi de lui pointer la ligne où il devra écrire le seul mot qu'il sait écrire, son nom. Vladimir Guerrero, même sachant que sa mère adore Montréal et ses gens. Même si lui adore la discrétion de Montréal et est reconnaissant du fait qu'on ne lui tienne pas rigueur de son silence. Un silence teinté d'humilité, et non de suffisance. Avec toute la machine contre lui : le syndicat des joueurs, plus les patrons et son agent. Il n'aura plus le choix.

Merci Vladimir. Ton carrousel va me tourner en tête jusqu'à la fin de mes jours.

# Chapitre VII

# Septembre 2001, lendemains

## La journée du nuage
DIFFUSION : 12 SEPTEMBRE 2001

Le nuage de la colère, de la souffrance, du désarroi et de la tristesse. Nous avons perdu depuis quelques décennies le contact avec les autres. Nous avons surtout oublié le principal : les autres, c'est nous-mêmes.

Nous sommes tous absorbés. Par la carrière, par les préoccupations familiales, par la simple culture d'un potager ou la volonté profonde d'avoir le dernier *Nine Inch Nails*.

Absorbés par le tournoi du bureau, demain. Ou par l'augmentation qui rentre sur la prochaine paye. Par l'acquisition d'une souffleuse, d'un char ou d'une autre grosse compagnie.

Entre le verbe Être et le verbe Avoir, nous avons choisi le verbe avoir et nous nous sommes isolés.

Nous vivons tous dans notre univers individuel à la recherche de cette précieuse fleur qu'on appelle le bonheur. Mais où se cache-t-elle ? Quand un de nos amis est affligé par la maladie de son *kid*, par ses problèmes de couple, ses blessures cachées, son mal de vivre.

Quand un de nos proches souffre. Combien d'entre nous avons le réflexe d'aider? De vraiment aider? Aujourd'hui, nous avons tous besoin d'aide. Aujourd'hui, c'est plus difficile que jamais d'aider celui qui est à côté, on est *tous* blessés. On a tous besoin de l'autre. L'autre, c'est nous. Celui qui est pris ce matin sous les décombres a besoin de l'autre pour s'en sortir. Celui qui a travaillé *non-stop* depuis hier a besoin de l'autre pour le relever. Le petit gars de 12 ans qui a perdu son partenaire de jeu, son père, il a besoin de l'autre. L'autre petit garçon de 12 ans de la Palestine qu'on a filmé en train de sauter de joie, sans qu'il sache ce qui se passe, a besoin de l'autre. Le peuple palestinien, le peuple musulman, vous croyez qu'il sautait de joie dans la rue hier? Je dis qu'il était terré dans sa maison, terrorisé. Plus que vous, plus que moi. Il a besoin de l'autre. Celui qui sent la colère en lui a besoin de l'autre. L'heure n'est pas à chercher le coupable. L'heure n'est pas à la colère. Voyez l'image des deux soldats qui marchent. Plan de dos, dans un brouillard de mortier. Le moins blessé qui transporte le plus mal en point. L'heure est à l'autre.

C'était le 11 septembre 2001. La journée du nuage. La chaîne de la vie a débarqué des poulies du vélo.

À quelques centaines de kilomètres de chez nous, la terre des hommes a subi la pire déchirure de son histoire. Il nous faut tous, séparément, sortir de notre carapace. Ce costume d'insensibilité que notre confort, notre individualisme, notre Nintendo et nos projets nous ont mis sur le dos. L'autre a besoin de nous. Nous avons besoin de l'autre.

Accepter sa propre souffrance, mais combattre celle qui afflige l'autre. Que sera aujourd'hui? Si ceux et celles qui en sont capables distribuent sourires et accolades. Si ceux et celles-là écoutent, sans parler. Si ceux et celles-là sont vous. Vous serez étonnés de voir ce que vous allez trouver sous les cendres, aujourd'hui, au lendemain du nuage. Étonnés de constater qu'une terre si meurtrie, si brûlée, si mutilée, puisse cacher une fleur.

# Le roi et le fou

DIFFUSION : 13 SEPTEMBRE 2001

Ils sont deux dans la cour du roi. Il y a le roi et il y a le fou. Le roi, c'est vous, c'est tout le monde. Comme l'a déjà dit quelqu'un : « Le peuple est roi ». Le fou, c'est nous. C'est qui nous ? C'est tout le monde qui distrait le roi. Le fou, c'est l'humoriste, le chanteur, l'animateur, l'athlète professionnel, le commentateur, le chroniqueur. La job du fou, c'est faire penser au roi qu'il n'y a pas seulement la guerre dans la vie, pas seulement les problèmes, pas seulement la survie. Il y a les grimaces, les stepettes, la poésie, le but marqué en prolongation et le 71$^e$ circuit de Barry Bonds. Le roi n'a pas le cœur à la fête, et le fou le sent. Il n'a pas l'audace de le chatouiller ou de le distraire. Il est assommé lui-même, le fou. Mais il a une job à faire. Il est assis dans l'antichambre de la cour du roi et il pense à son affaire.

*« Qu'est-ce que je fais ? Ça ne me tente pas, mais est-ce que j'ai le choix ? Je ne peux pas laisser le roi dans un état semblable. Il est complètement déprimé. Il est en deuil. En quelque part, c'est ma responsabilité de l'allumer. D'essayer en tout cas. Mais j'ai peur de me faire foutre à la porte si je rentre dans la cour avec ma joke, avec mon coup de fer 7 à quatre pouces du trou. Si je rentre avec mon coup franc dans la lucarne, ou si je slamme un dunk explosif, le roi va me lancer des tomates. Je n'ose pas. Alors, je vais demander au roi : qu'est-ce que vous voulez que je fasse ? Non, je ne lui demande rien. Je me présente, je fais mon numéro, je joue ma game et je me croise les doigts pour que ça passe. Faut secouer le roi. Tout à coup, il pense que je ne respecte pas son deuil, sa douleur ? S'il me croit inconscient ? J'ose ? J'ose pas ?*

*« Qu'est-ce qui va se passer si je reste ici, dans le vestiaire, et que je fais pas mes jokes et que je kick pas mon ballon ? Le roi va-t-il s'encroûter dans sa déprime et se diriger vers le fond du trou. Je ne peux pas le laisser faire ça. Je n'ai pas le goût. Personne n'a le goût, mais pour le bien du peuple-roi : faut bouger. Barry, donne-toi un coup de pied dans le cul, et sors ton Louisville Slugger ! Vous les 50 gars au*

*Centre Bell, aiguisez vos patins. Donnez au roi un peu de votre cœur !*
*Il faut sortir le roi de sa torpeur.* »

Ça prend du courage pour se présenter devant le roi, sans trop savoir si c'est la chose à faire. Mais pour le sortir du trou il faut qu'il s'aide un peu, le roi. Lui aussi doit se donner un coup de pied au cul. Le roi a mille raisons de rester dans son coin et de déprimer. Les journaux à sa porte débordent d'images et de mots qui le poussent vers le bas. La tâche du fou, c'est de lui offrir une bouée, un petit coin de sa cour où il pourra, l'espace d'un instant, rire et applaudir. Allez les fous, sortez des vestiaires. Le roi doit relaxer.

## Mohammad et Kareem

DIFFUSION : 17 SEPTEMBRE 2001

Il y avait eu une crise grave au début des années 1960, sous Kennedy, la baie des Cochons. Les Russes avaient installé des armements à Cuba.

La baraque avait failli sauter.

La crise du début des années 1960 avait connu son dénouement avec l'assassinat du président Kennedy, un vendredi d'automne, fin novembre 1963, à Dallas.

Au même moment, en Asie du Sud-Est, la tension montait. En Amérique, la population ébranlée par le départ de son jeune et héroïque président n'avait pas encore conscience de ce qui se passait au Vietnam. Puis les intellectuels, les New-Yorkais surtout, se sont mis à crier attention et à sensibiliser la population aux effets dévastateurs de la guerre du Vietnam.

Le mouvement hippie, sous une bannière de paix et d'amour, entrait dans l'arène politique. Les héros du jour s'appelaient Jack Kerouac, Bob Dylan, Allan Ginsberg, Sandy Koufax et le plus grand, Cassius Clay.

Cassius Clay était l'attraction numéro un du monde du sport. Il était le plus comique, le plus explosif, le plus original. Il avait la plus grande gueule. Un personnage unique qui se présentait aux conférences de presse avec un poème, ou un nouveau pas de danse, ou une série de punch. Toujours une mise en scène. Toujours un show. Il avait triomphé chez les mi-lourds, rapportant la médaille d'or de Rome en 1960, et avait vite conquis le titre mondial chez les lourds en défaisant Sonny Liston deux fois de suite. Quelques mois après cette conquête, il était aussi devenu le héros d'une catégorie marginale d'Américains. Juifs et chrétiens avaient les genoux sur le sol de l'Amérique depuis sa découverte, au XVI$^e$ siècle. Les musulmans devaient prier en cachette.

Puis Cassius Clay est devenu Mohammad Ali. Le plus grand des héros sportifs américains de l'heure décidait d'assumer son identité religieuse et donnait ses lettres de noblesses à l'Islam. Devenant un des premiers symboles de la liberté de religion en sol américain. Mohammad Ali. Il allait refaire la manchette quelques mois plus tard, quand il a refusé de faire son service militaire. Les tribunaux n'ont pas eu d'autre alternative que de l'emprisonner pour deux ans. Ali ne voulait pas déroger des préceptes du Coran, qui interdisait d'aller à la guerre. Par le fait même, toute la jeunesse de l'époque saluait son courage et appuyait son renoncement à joindre les forces armées. La prison plutôt.

Mohammed Ali est revenu après deux ans et redevenu le champion. L'imbattable, le spectaculaire, le mythe. Dans son sillon, d'autres athlètes ont décidé d'afficher leur religion, en changeant de nom. Le meilleur joueur de basket universitaire était né à New York, en 1947. Il a joué au centre avec UCLA, il s'appelait Lew Alcindor. Repêché au tout premier rang par les Bucks de Milwaukee, Alcindor allait connaître une fabuleuse carrière professionnelle avec les Bucks et ensuite les Lakers, sous le nom de Kareem Abdul-Jabbar.

Mohammad Ali et Kareem Abdul-Jabbar, deux héros mythiques du sport américain, ont semé avec leur foi la graine de la tolérance. Quarante ans plus tard, espérons qu'il reste encore des fruits dans l'arbre.

# Champion du monde
DIFFUSION : 18 SEPTEMBRE 2001

Sam est né et on ne se doutait pas qu'il allait devenir un jour champion poids lourds du monde entier. Sa naissance a été difficile, ardue, pas évidente, sa jeunesse turbulente, mais on s'est vite rendu compte qu'il avait de l'avenir. Il a appris à se battre très tôt. Contre les éléments, contre le désespoir et le découragement. Il s'est aussi battu contre les autres hommes. Il a été blessé, s'est relevé, n'a jamais abandonné. Il s'est bâti lui-même. À 20 ans, il était seul dans la lutte, gros, grand et fort, irrésistible. Et très bien élevé. Mangeant plein son ventre, grâce à son ingéniosité et à son ardeur au travail.

Il avait aussi une culture extraordinaire, qui lui avait été transmise par toutes sortes de gens qui venaient de partout pour lui apprendre une langue, lui injecter un peu de mémoire, de souvenirs, de savoir ou de philosophie. Des gens venus de partout pour lui parler de Dieu et de ses mille formes et visages. Pour lui parler de l'atome et des galaxies. Pour lui apprendre les rudiments du commerce, de la médecine et du droit commun. Il a tout appris. L'esprit aussi musclé que les bras. Sam est champion du monde. Tout jeune et tout pimpant champion du monde.

Il avait développé une arme extraordinaire pour atteindre ce trône et le garder. Un coup que personne avant lui n'avait développé et qui finissait toujours par le faire gagner. Le dernier combat qu'il avait disputé avait été long et dur, mais il a fini par triompher. Son adversaire d'alors, Igor de l'Est, un imposant gaucher, solide comme un mur, avait fini par plier les genoux. Malgré sa force, malgré l'intelligence de sa stratégie, malgré son désir très loyal de vaincre, Igor n'a pu résister à l'arme de Sam. Une arme qu'il a appelée le « Liberté Punch ». Cette arme est si puissante que personne depuis ne l'affronte. Il est le champion incontestable. Depuis, il se promène dans la place avec sa grosse ceinture dorée sur lui. Une grosse ceinture en or, avec des logos. Il ne l'enlève jamais. Il se promène dans le village, salue poliment à gauche, gentiment à droite, aide une vieille dame à traverser la rue, pour bien paraître, joue avec le petit garçon et son ballon, aide le père de famille à changer son pneu, déblaie l'entrée du voisin malade, relève le moral de la petite fille en peine d'amour.

Mais il est incapable de se promener sans sa grosse ceinture. Il est beau et fort, c'est vrai, mais aussi arrogant. C'est son gros défaut. Arrogant et boudeur. Il peut décider d'ignorer un autre. De le laisser souffrir parce qu'il n'a pas cédé à son charme.

Un matin de septembre, en 2001, alors qu'il se rendait calmement dans le village pour jouir d'une autre journée sous le ciel bleu de la liberté, quelqu'un est sorti d'un coin de rue, lui a foutu un coup de poing de toutes ses forces derrière la tête et s'est sauvé. Sam est tombé face contre terre et s'est blessé. Depuis, il veut se venger. Il se promène beaucoup moins dans le village. Il s'en prend à tous ceux qui le regardent de travers. C'est la première fois de sa vie qu'il a réellement peur. Il déraisonne. La peur lui fait commettre des gaffes. Arrête d'avoir peur, Sam. Tu te fais du tort, plus à toi qu'aux autres.

## New York

DIFFUSION : 19 SEPTEMBRE 2001

Quand l'amateur de sport provincial que je suis passe par New York, je me demande comment y font? Comment les amateurs du coin font pour se taper le festin sportif quotidien? Tous les jours. Les pages sportives des 22 journaux. ESPN 1, 2, 3, TNT, MSG ou les neuf stations de radio *all sports*.

Comment y font?

New York et le sport professionnel ont une aventure qui dure depuis toujours. New York et le sport forment un couple indissociable, un ménage qui est passé par toutes les émotions et toutes les crises, dont les chapitres mémorables ne cessent de s'accumuler les uns à la suite des autres au fil du temps.

C'est à New York que le baseball est né. À Hoboken, juste de l'autre côté de la rivière. C'est à New York qu'on a vu Babe Ruth,

Reggie Jackson, George Steinbrenner, Joe Namath, Laurence Taylor. À New York que Mark Messier est devenu Mark Messier. À New York que Jackie Robinson a ouvert la valve. Que Rocky Marciano et Jack Dempsey. Que les Miracle Mets. Que les Bombardiers du Bronx. Que Pélé.

C'est à New York qu'est né le *street basketball*. Seulement à New York que ça peut se passer : ce ne sont pas les Noirs appauvris de Harlem et leur *hoop* sans filet qui imitent les pros, ce sont les pros qui imitent les Noirs appauvris de Harlem, grands maîtres du rap, du yo et du *wazzup*. Des shorts assez larges pour abriter une équipe au complet.

New York. En 1957, le profit a chassé les Dodgers du Ebbets Field et les Giants du Polo Grounds pour les replanter dans le sol californien, où la verdure poussait plus vite. La verdure du billet de banque. Brooklyn, ses juifs et Noirs, ne s'en est jamais relevé. KO par la même grosse boule de métal qui a défoncé son Ebbets Field.

En 2004, New York abrite les Yankees et les Mets. Les Rangers, les Islanders et les Devils. À New York jouent les Jets et les Giants de la NFL. Dans la NBA, il y a les Knicks et les Nets. Les Métrostars de la ligue majeure de soccer. Les City Hawks de l'Arena Football League. Le Liberty de New York, dans la WNBA. Il y a à New York le Madison Square Garden, qui a vu plus de combats de championnats toutes catégories à la boxe qu'où que ce soit ailleurs. Il y a Flushing Meadows. Les sièges sociaux de toutes les grandes ligues de sport y ont planté leurs commissaires, leurs présidents, leurs syndicats. À New York naissent et se règlent les conflits. Se négocient les contrats fabuleux. Des Québécois ont aussi enflammé et séduit New York. Et ont reçu une occasionnelle Bud ou un œuf sur la tête. Rod Gilbert et Michel Bergeron. Arturo Gatti et Jean Ratelle. Martin Brodeur, Boom Boom et Jacques Plante.

Vivre dans la jungle sportive de New York, c'est une aventure quotidienne. Y survivre tient de l'exploit. Comme disait Frank Sinatra, né à Hoboken, comme le baseball : « *If I can make it there, I'll make it anywhere.* »

# Chapitre VIII
# Courriels

*Au cours des cinq dernières années, j'ai reçu des centaines de courriels d'auditeurs racontant un moment privilégié de leur vie. Un moment marquant, vécu dans le vaste univers du sport. Touchant, drôle, joyeux, glorieux. En voici quelques-uns. Je leur ai mis à chacun un chapeau.*

## Le Magnifique a envie

DANIEL MACDUFF

Il est le meilleur joueur de hockey au monde. Il ne porte pas son surnom de *Magnifique* pour rien. Par contre, au niveau des relations publiques, Wayne Gretzky était supérieur. Je suis employé du Centre Bell et du Forum depuis 15 ans. L'anecdote remonte à la partie d'étoiles au Forum, il y a quelques années.

Je suis affecté aux loges privées et Mario était venu au match même s'il était blessé. Il était sur la passerelle télé-radio. Il devait aller aux toilettes, mais comme la passerelle n'avait pas de toilettes et qu'il ne voulait pas aller aux toilettes publiques, il nous a demandé, par le biais de son gorille, s'il pouvait utiliser la salle de bain des employés des loges. Nous avons dit oui, sans hésiter. Un de mes collègues avait un poster format géant de la Coupe Stanley qu'il faisait autographier par les joueurs qui passaient par notre local, pour aller sur la passerelle. Il a demandé au «frigo» si Mario voulait bien autographier son poster. Mario a refusé.

Nous n'étions que trois employés au local. Nous n'aurions pas attiré la foule. Personne d'autre que nous avait accès à ce local et à la salle de bain. Son refus nous a offusqués. Une petite signature contre un soulagement de vessie, c'était quand même un bon échange, non? Mon ami a alors eu la réflexion suivante: «*Avoir su, il aurait pissé dans ses culottes, le Magnifique...*»

## Le sport avec mon père

MARCEL DORÉ

Aujourd'hui, samedi le 20 septembre, j'ai 37 ans. Je suis allé voir mon père. Assis devant lui, je lui ai parlé de nos souvenirs de sports. Quels souvenirs. Tous les sports qu'il m'a montrés. Le tennis, le baseball, le hockey, le golf, le vélo, le football, le ski alpin. Plus jeune, je me demandais comment il faisait pour tout connaître ces sports. Pour moi, il était le meilleur.

Tant de souvenirs...

Te rappelles-tu de la première fois que nous avons fait du vélo ensemble? J'ai enfoncé le derrière d'une voiture immobilisée en tournant un coin de rue, j'étais incapable de tourner. Ça fonctionnait pas. Comment tu faisais pour réussir ça?

Te rappelles-tu, papa, le tennis? À un terrain de camping de La Tuque. J'avais marqué mon premier point en jouant en équipe avec toi, j'avais à peine huit ans. Nous jouions contre mon oncle et ma cousine, qui était très bonne et qui devait avoir 16 ans. Mon père me dit: «*Bravo, tu as marqué un point!*» Je ne comprenais rien aux règlements, mais dans ma tête j'étais supercontent: je venais de marquer contre ma grande cousine.

Te rappelles-tu, papa, le football ? Ce fut bref, à 10 ans, je ne m'intéressais pas vraiment à ce sport. Mais nous nous lancions le ballon dans la cour. Tu me faisais courir d'un côté à l'autre du terrain. Une fois sur cinq, je l'attrapais. Mais c'était pas grave, mon père me lançait le ballon.

Te rappelles-tu, papa, le baseball ? J'avais huit ans, à notre camping de Hemmingford. Nous nous lancions la balle quelquefois. Des directs, des *lobs*, des roulés. Nous allions sur le terrain de baseball, tu me montrais comment frapper la balle. Tu m'avais inscrit pour jouer en équipe au camping. Quelle surprise, je ne connaissais rien aux règlements. Mais c'est pas grave, c'est pas difficile, m'avais-tu dit. À chaque partie, tu étais là. Tu m'encourageais. Me faisais pratiquer. M'expliquais les règlements.

Te rappelles-tu papa, le hockey ? Je ne savais même pas patiner par derrière. Tu m'as inscrit au niveau peewee. Nous sommes allés acheter l'équipement complet. On allait pratiquer dehors, au moins une fois semaine, en plus des parties. Tu me faisais patiner entre des mottes de neige avec la rondelle. Par en avant, par en arrière. Tu étais capable, alors je me disais que je réussirais moi aussi. Tu me faisais pratiquer les lancers, le contrôle de la rondelle. Je devais essayer de te déjouer. Mais comme c'était difficile de te battre. Je t'ai demandé aujourd'hui si tu te rappelais comment il faisait froid lorsque nous allions pratiquer dehors. Aujourd'hui, je te trouve courageux de m'avoir amené dehors par des températures comme celles-là.

Te rappelles-tu, papa, le ski alpin ? J'ai skié de 2 à 16 ans. Je skiais entre tes jambes. Nous partions tous les dimanches matin, il faisait noir, pour aller skier avec ma mère. Dans les Laurentides. Un jour, à sept ans, nous sommes allés skier, et les pistes étaient de glace. Je te suivais. La côte me semblait très longue. Mon cœur bat, j'ai chaud, mais si mon père l'a fait, alors j'y vais. Je force mes petites jambes, gauche, droite, gauche, droite, gauche, droite et je tombe. Pas moyen d'arrêter, je glisse, je glisse, il y a de la glace, j'avais le goût de pleurer, Tu m'as relevé. Je t'ai demandé si tu te rappelais. Tu as dit bien sûr que oui.

Te rappelles-tu papa, le golf ? Mon sport préféré et qui l'est toujours d'ailleurs. Je jouais 78, 80, à l'âge de 12 ans. Tu étais mon caddy. Que de beaux souvenirs du terrain Royal-Montréal. Nous jouions des duos pères-fils, dont les fils étaient beaucoup plus vieux que moi.

Aujourd'hui, notre sport, c'est notre marche dans le corridor du centre pour les gens atteints de la maladie d'Alzheimer. Tu ne te rappelles ni des sports, ni de moi, ni de mes frères, ni de ma mère, mais c'est pas grave. Aujourd'hui, c'est moi qui t'ai montré à marcher. Merci papa, je t'aime.

## « Rill Félix, rill ! »

NADINE MORIER

Ça s'est passé cet été au camp de chasse. On y va tous les étés en juillet pour décompresser en taquinant le poisson. J'te dis qu'il s'en passe des choses au lac du Dormeur. François a fait sauter un brochet de neuf livres direct dans la chaloupe sans hameçon. Je me suis ferré la lèvre supérieure avec une *Toronto Webler*. Mais le vrai héros, c'est mon beau Félix, six ans et demi. Il était 19 heures et nos pêcheurs étaient prêts à aller chercher des trophées. Le lac est calme. Une soirée idéale. Après 30 minutes de « trôlage », Félix s'écrie : « *J'en ai un !* »

Avec tout le dynamisme qu'on lui connaît. Il était prêt à céder sa canne à pêche à son père, impressionné par le combat que lui livrait la bête.

« *Rill Félix ! Rill ! Donne-z-y pas de lousse !* lui répétait Luc. *Tu vas le sortir...!* »

Après 12 minutes de lutte acharnée, la canne à pêche casse. Le brochet s'est retrouvé dans la puise de justesse, puisqu'il s'était décroché. Félix a à peine eu le temps de contempler sa prise et le poisson a piqué du nez à travers une maille brisée, pour se retrouver dans son élément.

« *Fais-toi-z-en pas, Félix. On a tout ça sur la vidéo-caméra !* »

Heureusement, car j'aurais manqué ce beau moment. J'ai dû rester au camp ce soir-là, pour soigner mon petit Charles qui avait fait ses premières expériences avec les feux de camp. Fallait voir ses yeux quand ils sont revenus, à la brunante. Il est entré dans le camp, puis il m'a dit : « *Je l'ai pogné, le monstre !* »

Ceci est venu renforcer mes convictions que le bonheur ne se trouve pas dans les choses qui coûtent cher, mais dans les bons moments passés avec ceux qu'on aime. Depuis ce jour, quelque part au fond d'un lac en Abitibi, il y a un brochet du Grand Nord qui peut se vanter d'avoir été baptisé « Le Défonceur ».

## Dans les rouges, derrière le banc des Canadiens

MICHÈLE LAMBERT

Lorsque j'étais très jeune, dans les années 1960, mon père était un *fanatique* des Canadiens. Il travaillait pour un employeur qui traitait très bien son équipe et leur offrait régulièrement d'excellents billets pour aller au Forum. *Dans les rouges, derrière le banc des Canadiens,* comme mon père disait. Un certain soir, j'avais sept ou huit ans et pas très connaissante dans le hockey, ma mère m'avait dit que je pourrais peut-être voir mon papa à la télé. Toute excitée, je m'installe devant la télé avec elle. Le match commence. Après quelques minutes, à la suite d'une mise au jeu, j'ai vu mon père à la télé. Je l'ai vu *en très gros plan,* lorsqu'on l'a transporté à l'hôpital. Il venait de recevoir la rondelle en pleine figure.

Je peux te dire que le hockey m'a fait ch... un bout de temps. Mon pauvre papa avait subi une fracture du nez. Il avait dû être opéré et est revenu chez nous une semaine plus tard. En vrai mordu qu'il était, mon père est retourné au Forum dès qu'il a pu. Dans les rouges, derrière le banc des Canadiens. Mais il me rassurait.

« *Pas de danger, je mets ma main sur ma figure aux mises au jeu.* »
Mon papa a 81 ans. Son fanatisme s'est atténué, mais il aime encore
parler du bon vieux Forum.

## L'expérience extraordinaire d'une certification en plongée sous-marine

JULIE MARIE LAROCQUE

En 1987, j'ai suivi un cours de plongée sous-marine à l'Université
Laval. Il y a une certification à réussir si on veut pouvoir plonger
dans d'autres mers plus clémentes. J'ai donc décidé de passer ma certification aux Escoumins. Notre instructeur nous avait donné le
choix : en juin ou en décembre. Comme j'étais jeune et pleine de
courage, j'ai choisi le mois de décembre. Étant donné qu'il y a beaucoup moins de circulation de paquebots, la flore aquatique est merveilleuse en décembre. Comme première expérience en mer, je
croyais faire un bon coup ! La journée de l'expédition arrive. Sur
un groupe de 15, il n'y a que deux jeunes femmes courageuses. Pas
question de se faire aider par qui que ce soit. On est capable ! Un *dry
suit* plutôt inconfortable, et un équipement d'environ 55 livres, ça
marche pas trop vite, surtout lorsqu'il y a des bancs de neige à
contourner.

Un autobus scolaire nous amène à la baie où la certification
aura lieu. Je débarque avec tout mon équipement (que j'ai eu de
peine et de misère à monter dans l'autobus). Je regarde un peu
plus loin que la berge et là, j'aperçois trois grosses masses noires qui
pataugent à 500 pieds de moi.

« *Merde ! Des baleines !* »

Les instructeurs sont « crampés ». Ils savaient ce qui nous attendait. La maman baleine, un rorqual commun, et ses deux balei-
neaux, ce qui était très rare, ont pataugé avec nous durant tout le
week-end. J'ai eu peur à ma première plongée. Recevoir un coup
de queue de baleineau par la tête, ça doit faire mal. Mais lorsque
j'ai entendu leurs cris perçants à 20 pieds sous l'eau, j'ai craqué.

C'était magnifique! C'est la première et dernière fois que j'ai plongé avec des baleines. Aujourd'hui, plus âgée et plus «moumoune», je fais de la plongée dans des mers plus clémentes, avec les dauphins. Les Escoumins, un 5 décembre. Une plongeuse et trois baleines. Un souvenir magnifique.

## La cible
LORRAINE ET DOMINIC BOULÉ

Mon petit bonhomme a 10 ans. Il s'appelle Vincent Boulé. Il fait du tir à l'arc depuis trois ans déjà et sa progression est constante. Il rafle médaille d'or par-dessus médaille d'or, abat des records et atteint tous ses objectifs. Cette année, aux championnats provinciaux, il a pris la première place dans la catégorie benjamin, s'est classé premier au Québec et quatrième au Canada. Voici l'anecdote.

Un commanditaire des championnats avait des bourses à remettre aux athlètes (250 $, 150 $ et 100 $). Sa façon de faire était la suivante: à une distance de 15 mètres, les premiers de chaque catégorie devaient atteindre l'oiseau qui est imprimé sur un billet de 5 $. La distance régulière de tir est de 18 mètres. Au coup de sifflet, tous les archers se mettent à ajuster leur mire selon la distance, qui n'est pas la même que d'habitude. Le silence est presque parfait dans le Centre Claude-Robillard où tous les autres archers et visiteurs du championnat assistent à cette compétition. Notre fils se retourne, le visage rouge et congestionné, les yeux pleins d'eau. Une pièce de sa mire vient de tomber par terre! Mon époux Dominic se précipite pour l'aider à tout remettre en place, mais là, tous les archers ont terminé et Vincent est seul sur la ligne de tir! Deux cents personnes sont totalement silencieuses et attendent qu'il tire. Il ne perd pas ses moyens, contrôle ses nerfs, et vlan. Il tire. Deux cents personnes se mettent à hurler et se lèvent, prennent leurs jumelles et... Merde! Il ne l'a pas atteint! La flèche étant inclinée vers le bas, la pointe est à un centimètre de l'oiseau. Je ne peux vous décrire ce qu'une mère et un père ressentent quand toute une salle se lève pour leur fils. Ouf. Au tour de la mère d'avoir les yeux pleins d'eau. Bon travail mon garçon. La relève du tir à l'arc est difficile à trouver mais là, je crois qu'on tient quelque chose de solide. Une maman et un papa très très fiers !

## Boxeur et karaoké

CHANTALE PROULX

Cette année, en janvier, nous avions loué une chambre dans une auberge près de Sutton. On était un groupe et on avait presque toute l'auberge à nous. Sauf une chambre. Quelle ne fut pas notre surprise de voir Éric Lucas monter pour le souper. Il était avec sa femme et sa petite fille. Nous faisions un party le soir. On s'est dit qu'il faudrait finir tôt, comme il n'était pas de la gang et qu'il avait un enfant. Après le souper, Éric, sa femme et sa fille redescendent à leur chambre. Nous commençons notre party avec du karaoké. Ça chante et ça fausse très fort. Une surprise nous attend. Éric, Marie-Claude et la petite remontent et viennent chanter avec nous. Éric est un gars simple, gentil, souriant et même un peu gêné.

## Mon chum

CHRISTIAN TARTE

Le chum avec qui j'ai grandi était un superjoueur de hockey. Avec les Peewee, Bantam et Midget Élites du Nord, AA. Puis dans la Ligue junior majeure avec les Saguénéens de Chicoutimi. Il a été le premier choix des Bruins de Boston en 1981. Quatorzième au total, le premier Québécois du repêchage. Au hockey, j'étais Guy Lafleur, mais dans mes rêves. Je suivais mon buddy Normand Léveillé partout. Même à Boston où il a entrepris sa carrière à 18 ans. Le *kid* de Montréal, comparé à Mike Bossy et à Yvan Cournoyer par les reporters de Boston pour sa force de lancer et son coup de patin explosif. Il était le chouchou de la ville des bines.

Un jour, j'étais dans le vestiaire des Bruins. Comme tous les *kids* de 18 ans, je ramassais tout ce qui traînait. Des dizaines de roulettes de *tape* sur la table en plein milieu du vestiaire, la gomme bazooka, le Gatorade, comme si j'avais manqué de tout dans ma vie. Mes poches n'étaient pas assez grandes. Comme j'étais son grand chum, j'ai pu ramasser des bâtons de l'époque Rogatien Vachon, Marco Baron, Raymond Bourque, Steve Kasper.

Nous sommes à l'aéroport Logan et je suis fier de ma précieuse collection de bâtons des Bruins. Normand est à mes côtés lorsque nous arrivons face à face avec Harry Sinden. Il se met à engueuler le pauvre Normand. Il lui demande si son chum de Montréal n'est pas en train de se bâtir une équipe de hockey avec tous ces bâtons-là. Nous voulions rentrer dans le plancher. Il nous engueulait devant tout le monde. Plus *cheap* qu'Harry Sinden, c'est impossible.

Normand a eu son accident et vit maintenant au jour le jour. Il aurait dû être une supervedette dans la LNH.

## Famille heureuse
CHANTAL DAOUST

C'était en 1982. Au temps où le fun était dans le stade aux parties des Expos. L'époque des Carter, Cromartie, Wallach et Dawson. Mon frère aîné, Normand, avait gagné un concours de Coke à la radio. Il pouvait amener sept personnes de son choix dans une loge au Stade. Il a invité qui, mon frère de 21 ans? Sa gang de chums? Bien non: sa famille! J'étais contente, pas à peu près.

Avant le match, on a marché dans 56 corridors pour arriver au niveau du terrain. Oui, sur le terrain, par l'entrée des joueurs! Fallait voir les yeux de mon petit frère Hugo, 10 ans. Ti-cul à lunettes vêtu de son chic uniforme des Reds de Châteauguay qui se fait photographier avec Gary Carter, Scott Sanderson et Youpi. Mon chum et moi, ados, faisions semblant de ne pas être plus impressionnés qu'il faut. On s'est fait gâter toute la soirée: bouffe, *drinks*, souvenirs. Du fun en masse Ça a été une soirée magique, une soirée de bonheur en famille à laquelle on pense encore avec les poils des bras qui nous redressent. Vingt ans après !

## Trop tard

STÉPHANE GAUTHIER

J'avais 10 ans. Pas trop bon au hockey, ni au baseball. Le karaté ? Pas bon non plus. Après tous ces essais, je ne comprenais pas pourquoi je n'arrivais pas à être comme les autres. Un bon jour, je fais une nouvelle tentative : la boxe. Avec mes 65 livres, je me voyais en Mohammed Ali, Blanc. Je m'entraînais à tous les deux jours avec intensité. Les petits combats amateurs commencent. Une première victoire.

Un autre combat, cette fois à la Cravate Blanche de Claude Blanchard. Déjà, j'aime ce sport. Il y a plein de monde qui encourage les jeunes boxeurs. Les cris me donnent de la force. Une autre victoire. Ça y est : je suis un des meilleurs dans mon poids. Moi et trois de mes confrères d'entraînement sommes choisis pour représenter le Club de boxe Centre-Sud pour les Gants Dorés à l'Hôtel Méridien Le plus beau jour de ma vie. À l'entrée, la salle est pleine à craquer. Le bruit d'enfer. Les deux frères Hilton sont du programme, aucune défaite à leurs fiches. Moi non plus. Les deux premiers combats mettent en vedette mes amis. Le premier commence. Je suis inquiet. Je regarde partout autour de moi dans la foule. Il manque quelque chose. Fin des trois rondes, mon copain a perdu. Il nous reste deux chances. Le deuxième combat débute. Je regarde partout dans la foule avec plus d'inquiétude. Il va me manquer une chose. Mon copain perd son combat aussi.

C'est mon tour. Je monte sur le ring, je regarde partout. On annonce mon nom. Je vais m'en rappeler toute ma vie. La foule me regardait et moi, je cherchais ce qui me manquait.

*« Dans le coin gauche pesant 65 livres, de Montréal, du Club Centre-Sud : Stéphane Gauthier ! »*

La foule applaudit, je regarde partout.

Le son de la cloche. Après trois minutes, le premier round finit. Je regarde mon entraîneur. Il me dit : « *Tu es en avance, il en reste deux.* »

Je regarde la foule et une tristesse vient en moi. Le son de cloche. Trois minutes après, elle resonne. Mon entraîneur, fou comme un balai, me dit : « *Ça y est, on les a !* »

Je regarde une dernière fois dans toute la salle et je dis à mon entraîneur :

« *Je n'y retourne pas.*

— *Quoi ?* »

C'est fini. Tous ses espoirs sont tombés. J'ai enfin compris mes problèmes de sport. Ma mère était encore arrivée à la fin de mon exploit. S.V.P, les parents, soyez présents. Merci.

## Médaille de bronze

PATRICIA BONNEAU

À l'époque, j'ai huit ans. Mes parents m'ont inscrit dans un cours de gymnastique au Centre Pierre-Charbonneau. Dès la première journée, je me suis mise à attendre le prochain cours avec impatience. Je me voyais déjà aux Jeux olympiques. Dans ma petite tête d'enfant, j'étais la meilleure du club. Le seul problème est que je ne suis même pas capable de faire la chandelle un centième de seconde. Sur la poutre, j'ai l'air d'un mollusque.

Les compétitions commencent. Je suis toujours la meilleure à mes yeux. Je suis convaincue que je vais tout rafler. Aucune médaille en cinq compétitions. Je veux arrêter. Mes parents ont tenu à ce que je finisse l'année. Il restait l'ultime compétition. Dernière de l'année. Toute la famille y était.

En me réchauffant, je me penche vers l'avant et *ccrrrackkkk!* Mon beau maillot jaune déchire au niveau des fesses. Mais le spectacle commence, je n'ai plus le choix que d'aller faire ma routine. Pour une fois, tout s'est déroulé comme dans un rêve. Ma chandelle était parfaite et j'ai gagné la médaille de bronze, la seule que je n'aie jamais gagnée. J'ai quand même arrêté la gymnastique. Mais j'ai toujours la médaille.

## Le coup de canon
YANNICK HERVIEUX

Un moment de bonheur que je ne pourrai jamais oublier. Mon fils a cinq ans à l'époque. Avec un chum et lui, je vais voir la partie des Expos. J'ai toujours été un partisan de sport et mon chum aussi. Je me demandais juste si mon fils allait aimer, car il écoutait parfois les parties. Mais rester un match complet au stade, à cinq ans...

On arrive au stade. Les Marlins sont les visiteurs. La foule, fidèle à son habitude, est menue mais bruyante. Mon fils tourne la tête partout, ébahi par l'ambiance, attiré par les cris de la foule, par les diverses musiques de ralliement que l'on entend durant la partie, écoute la foule et embarque dans le célèbre « *charge* » pour encourager l'équipe. Trompette : Taratatatataaaa ! Foule : *Charge* !

À un moment, mon fils me demande pourquoi on n'a pas encore entendu le coup de canon. Je lui explique qu'aucun joueur des Expos n'a frappé de circuit et que ce n'est qu'à cette occasion qu'on l'entend. À ce moment, les Expos jouent bien, ils sont en avance et Vlad arrive au bâton. L'annonceur-maison, le présente. Mon fils : « *S.V.P., Vladimir frappe un circuit pour que j'entende le canon !* »

Premier lancer. Loin au champ centre. Comme le fait si souvent Vlad. La balle disparaît facilement derrière la clôture. Le coup de canon explose. BANG ! Je regarde mon fils et je l'entends crier : « *Merci Vladimir, merci Vladimir.* »

Il a son plus grand sourire de joie. Ce moment, cette partie, je ne l'oublierai jamais. Tout le reste du match, il me dit que Vlad a frappé ce circuit pour lui.

Les Expos ont gagné 8-2. On laisse partir un peu le monde autour de nous. Je donne à mon fils sa canne blanche. Je lui dis de faire attention aux personnes.

« *On va revenir S.V.P. ?* »

Depuis, on va voir le baseball très souvent. Sinon, il écoute religieusement la partie à la radio avec sur son visage le sourire d'un enfant qui aime le baseball. Et quand Vlad en frappe une, devinez ce qui arrive ?

## Le petit Miguel
### ERIC GUITÉ, REPENTIGNY

Mon meilleur souvenir sportif, c'était il y a 10 ans, à Repentigny. Ce jour-là, j'assistais à un match de soccer de l'équipe peewee de mes deux frères. Le plus grand était entraîneur, le plus petit était joueur. Dans les estrades, j'étais assis avec les supporteurs de l'équipe. Tous les parents des joueurs. Tout ce beau monde se connaissait déjà très bien après avoir assisté ensemble aux autres matchs. Sur le terrain, la partie tirait à sa fin et c'était encore 0 à 0. Mon petit frère se retrouve devant un joueur adverse qui, pour le bloquer, fait une erreur et provoque un tir de pénalité, dans la zone des buts.

En temps normal, le joueur impliqué est désigné par l'entraîneur pour faire le tir, dans ce cas-là, mon petit frère. Mais mon grand frère, l'entraîneur décide plutôt de nommer le petit Miguel. Ce qui provoque des contestations chez les joueurs, et même dans les estrades.

Pourquoi ?

Le petit Miguel était loin d'être le meilleur joueur de l'équipe et avec raison. C'était un petit garçon bien brave, mais il était atteint d'une maladie mentale. C'était un enfant trisomique. Sur le terrain, il préférait cueillir des marguerites ou parler avec sa mère dans les estrades, plutôt que de courir après le ballon. Malgré cela, l'équipe l'acceptait très bien et l'encourageait à participer. Mais, de là à le laisser faire un tir de pénalité aussi important, la marge était grande. Même la mère de Miguel dans les estrades n'était pas d'accord. Elle ne voulait pas que son petit gars se ridiculise devant les autres joueurs. Mais mon grand frère persiste quand même dans sa décision et envoie Miguel pour faire le tir.

Naturellement, tout le monde avait le sourire aux lèvres, moi le premier. On savait tous qu'il avait de la difficulté, même seulement pour *kicker* normalement le ballon. Debout, dans les estrades, je regarde le petit Miguel qui se concentre du mieux qu'il peut, s'élance et cogne le ballon de toutes ses forces. Le ballon s'envole avec une incroyable précision et entre dans le coin du but. Tout juste aux bouts des bras du gardien qui ne pouvait rien faire pour l'arrêter. Une bonne seconde s'écoule avant que quiconque ne réalise que le ballon est réellement entré dans le but. Mais le petit Miguel, lui, sautait déjà partout, les bras dans les airs. Il courait vers les estrades en direction de sa mère, évidemment.

Bien sûr tous les parents, même ceux de l'autre équipe, étaient debout. Applaudissaient et criaient des félicitations au petit Miguel et à sa mère, qui ne voulait pas encore le croire. Toutes les mamans avaient les larmes aux yeux, et les joueurs de l'équipe couraient derrière Miguel pour le rattraper, l'entourèrent en héros qui venait de compter le but victorieux. La partie a repris, et cinq minutes plus tard, l'équipe remportait le match 1-0.

Cette année-là, l'équipe a gagné tous ses matchs. Mais le plus beau, c'est qu'on pouvait réellement dire que le petit Miguel y était pour quelque chose. Et moi là-dedans? J'étais bien content d'avoir pu assister à un de ces rares moments où le sport permet à un petit gars comme Miguel de triompher de sa maladie, et de se sentir comme n'importe quel autre petit gars de son âge, ben fier d'avoir *scoré* un but devant ses parents et d'avoir fait gagner son équipe.

# Les Popov

MICHEL JULIEN, CAPITAINE DES BARONS DE BEAUHARNOIS,
ÉDITION 1990-1991

L'histoire se déroule en avril 1991. J'étais membre de l'équipe des Barons de Beauharnois, Bantam A. Nous nous préparions au tournoi provincial de Beauharnois, un des plus gros tournois amateurs sur la scène provinciale, regroupant environ 170 équipes réparties dans toutes les catégories, atome à midget. Une rumeur circulait à l'effet qu'une délégation finlandaise allait participer au tournoi, chez nous, dans notre catégorie. Cette équipe peu ordinaire composée de joueurs hypertalentueux, ayant joué et pratiqué ensemble au cours des huit dernières années, arrive à Montréal pour conclure une tournée nord-américaine. Ils ont fait des ravages à New York, à Los Angeles et à Toronto.

C'est la consternation au sein de mon équipe. On avait de bonnes chances de remporter ce tournoi, mais avec les Finlandais dans le décor, on se voyait déjà morts et enterrés. Nous assistons à leurs deux premières rencontres, voir en vrai ce qui nous attend. *Warm-up* dans les estrades avant les parties. Équipements identiques. Tous très gros et très habiles et surtout. Victoire de 7 à 0 à chacune des parties qu'ils disputent, avant de nous rencontrer en finale.

Nous voici rendus à la journée fatidique, la rencontre tant attendue. L'événement est prisé des amateurs et remplit l'aréna avec 1500 personnes venues assister à l'exécution. En me dirigeant vers la chambre des joueurs, on pouvait sentir la sympathie des gens à notre égard qui nous demandait simplement de faire de notre mieux. Dans le vestiaire, habituellement bruyant, où nous discutons de nos blondes pis du party de la veille, on peut entendre une mouche voler. Seul le bruit des roulettes de *tape à pad* se fait entendre. Dans un coin, Bézigue (!) se couvre la tête d'une serviette afin de rester dans sa bulle et se concentrer sur ce qui s'en vient. À 10 minutes du début de la partie, le coach fait son entrée dans la chambre et retourne sur ses pas, choisissant d'aller trouver mon père pour lui demander de lui venir en aide pour coacher cette partie, ne sachant pas trop quoi nous dire! Mon père constate lui aussi qu'on n'a besoin d'aucun *speech d'avant-game*. Les gars sont prêts.

Soudainement, Bézigue se lève et crie: «*On va les planter les osties de Popov!*» Dès cet instant, il n'y avait plus rien pour nous arrêter. Transportés par les cris de nos supporteurs, patinant dans le *warm-up* sur la musique de Rocky, chacun d'entre nous sait qu'il doit offrir la performance de sa vie. À 45 secondes du début de la rencontre, j'inscris le premier but. Je croyais que le toit du petit aréna allait exploser! À la fois heureuses et incrédules, 1500 personnes se lèvent d'un trait et applaudissent à tout rompre. Nous avons le *momentum* et la foule avec nous, nous prenons les devants 2-0 et 3-0 avant la fin de la première. Personne n'ose célébrer à l'entracte, mais nous nous sentons plus confortables.

C'était mal connaître les Popov!

Ils sont revenus de l'arrière, inscrivant deux buts en deuxième période et ramenant la marque à 3-2. La troisième période appartient à notre gardien, qui multiplie les miracles pour nous garder dans le match et nous l'emportons finalement 4-2. C'est l'explosion de joie sur la glace et dans les estrades. Mon père en a été quitte pour une bonne extinction de voix qui l'a mis hors de combat pour les trois jours suivants.

Cette expérience, gravée à jamais dans ma mémoire, est la plus belle que j'ai vécue... Bézigue, Patrick, Alain, Martin, Joël, Jonathan et tous les autres, vous êtes des *winners* pour la vie! Quand vous aurez un rêve qui vous semblera difficile à réaliser, rappelez-vous les Popov!

## Orteil

HAROLD LEBRUN

Du fond de ma Gaspésie lointaine, où on n'avait pas d'aréna ni de patinoire couverte. Dehors en plein vent et neige, on devait gratter la glace entre toutes les périodes. J'étais gardien de but peewee et j'étais pas pire. Disons que je prenais ma job très au sérieux.

Une certaine soirée, on jouait contre la gang de *Crosspoint*. Pointe-à la-Croix. On tirait de l'arrière 3 à 2 et le jeu tourne en notre faveur. Un de mes copains, Serge, avait compté pour créer l'égalité, 3-3. On était fous comme de la marde. On jubilait, on sautait dans les bras de tout le monde. De retour au jeu, l'adversaire prend possession de la *puck* et comme je ne le voulais pas, c'est ce qui se produit : l'échappée. Je m'avance pour faire face au gros Bujold qui s'en venait, face à face. Devant moi. Un contre un. À ce moment-là, je me dis : il va essayer de me déjouer. Mais surprise : il laisse partir un lancer frappé qui, vu avec mes yeux de jeune peewee, était tout un boulet de canon. Je ne lâche pas mes yeux de la *puck*, qui s'en vient directement sur le bout du patin.

À cette époque, comme je te disais, on jouait dehors. Ça veut dire que j'ai les pieds gelés et que je n'ai pas de cap sur mes patins. Je croyais que les orteils s'étaient tout égrainés dans mon patin. Mais quelle douleur. J'y repense. Je me souviens du *feeling* comme si c'était hier, me relevant aussitôt, pour compléter l'arrêt. La partie s'est terminée par un verdict nul. Mais Dieu que j'étais fier de moi, et mes copains aussi. Un souvenir d'un petit athlète, pas une grande vedette. Qui n'avait pas les moyens de s'acheter des patins à la hauteur. Mais fier de lui. Je m'en suis sorti avec un ongle cassé. Il avait repoussé avec une belle ligne blanche où on pouvait voir où il avait plié.

## Le Vieux Bonhomme
MÉLISSA HÉNAULT-RONDEAU

Il y a deux ans, je participais au plus beau voyage d'expédition de ma jeune vie. J'ai 23 ans et chaque jour le Tour du Mont-Blanc en Europe repasse dans ma tête. Ce matin-là, nous avions quitté notre petite auberge sous la pluie et les orages. C'était au tour de notre équipe de guider la marche. Il y a Valérie, Jean-Marc, Mathieu et moi, je m'appelle Mélissa. Un pressentiment, je savais que ce serait une journée de grand défi.

Au cours des 10 jours de marche en montagne, ma place était à l'arrière. Mes genoux maganés étaient les grands coupables, mais chaque journée j'étais plus forte. La marche était entamée depuis trois heures. Une église se tenait au milieu de nulle part, sous la pluie et le froid d'un mois de juin 2001. J'en ai frissonné. Je suis entrée pour me réchauffer un peu et j'ai versé quelques larmes. Pourquoi? Je n'ai pas encore trouvé la réponse. J'ai regardé droit devant et j'ai aperçu un cierge. Je l'ai allumé en me disant que, peu importe qui est là, c'est lui qui nous donnerait la force de passer à travers.

Nous avons marché toute la journée sous la pluie, la neige et le froid. Nous avons atteint un col. Nous y étions. La joie nous avait envahies. Caroline, une de nos compagnes, était loin derrière, on ne la voyait pas du tout. Quand une ombre s'est dessinée dans l'épaisse brume, je me suis mise à crier : « *C'est beau ma belle, lâche pas! Vas-y! On est rendu! Allez, vas-y!* »

Tous les autres se sont joints à moi. C'était extraordinaire. Nos cris dans l'immense nature à ce moment-là déchaînée et peu hospitalière. On croyait avoir atteint le col du Bonhomme, mais malheureusement nous n'y étions pas encore. J'ai pensé au cierge. Une bourrasque d'énergie m'a enveloppée et j'ai foncé vers ce cher Bonhomme. C'était incroyable. J'étais maintenant la deuxième ou la troisième à mener la marche avec Marc, notre guide. On ne voyait rien, tout était blanc. On ne distinguait même pas la terre du ciel. Tout à coup, je me suis retournée. Il n'y avait plus de trace de mes compagnons et le silence était trahi par la tempête qui s'abattait sur nous.

J'ai regardé droit devant moi et on aurait dit que le brouillard s'était arrêté. Pour me laisser voir le vrai col et notre refuge. J'ai couru, malgré la fatigue. Je suis entrée dans le refuge. J'ai cherché des couvertures et j'ai attendu. J'étais paralysée en regardant chaque personne entrer. J'étais assise seule au loin et c'était comme si j'assistais à un film. J'en étais la seule spectatrice. Dans ma tête, j'ai repensé au cierge, à mon vœu, et lorsque la dernière personne est entrée, je savais que le cierge avait soufflé sa dernière flamme. On était tous sains et saufs. Je me suis levée et c'est là que j'ai pleuré. Pas parce que j'étais triste, mais parce que j'avais vaincu la montagne. C'était *ma* journée. *Ma* victoire sur ce Vieux Bonhomme.

## *Frogs*

PIERRE MORIN, FIER D'ÊTRE UNE GRENOUILLE

J'ai été dans la marine pendant 15 ans comme ingénieur mécanicien. J'ai joint les Forces en 1981. Je ne savais pas parler anglais, à part quelques mots vulgaires. En 1982, j'ai été muté à Victoria, Colombie-Britannique, sur un navire du type destroyer d'escorte.

C'est là, pour la première fois, que je me suis fais traiter de *frog*. Au début, cela m'affectait. Mais j'avais aussi ma réplique. Maudite *square head*, pour les Anglais qui m'agaçaient. Nous étions six francophones sur 225 personnes. On s'est fait baver, pas à peu près.

Un jour, à San Diego, nous avons décidé que c'était assez. On s'est fait tatouer une grenouille sur l'épaule. Quand les *square heads* nous traitaient de *frog*, on leur montrait notre grenouille en leur disant : « *Yes I know and I am branded.* »

Ils pensaient que c'était drôle. Mais la farce continuait. Des fois sérieusement. Jusqu'au jour où Michel Guimond a débarqué en ville. Il mesurait 6 pieds 4 pouces, pesait 225 livres de muscles. Peut-être une once de gras. Le premier qui l'a traité de *frog* a rencontré le ouaouaron. Ce fut la dernière fois que le mot *frog* a été mentionné. Ils peuvent dire ce qu'ils veulent. *I am a frog, you're a frog.* Et je suis très fier de l'être. En passant, sous chaque *frog*, il y a un prince charmant et, avec les filles, ça marche toujours.

# La main de Stéphane

JULIE MARTIN

Mon plus beau souvenir de sport remonte à l'an 2000. L'année du bogue. Méchant bogue. Mon mari (du temps…) a foutu le camp au début janvier. Par chance, je peux compter sur ma famille et mes amis pour me remonter le moral et m'aider à passer à travers cette dure épreuve, une séparation après 10 ans de vie commune! Parmi ces amis, il y a Stéphane que je connais depuis quatre ans. Stéphane est un ami extraordinaire. Je peux l'appeler le jour comme la nuit. Une très grande amitié se développe entre nous. Nous étions déjà de très bons amis avant la séparation, mais *après* la séparation, ç'a été encore plus. Stéphane est un joueur de balle molle depuis de nombreuses années. Il est lanceur.

Par un beau matin du mois de mai 2000, je vais le voir jouer. Première partie de l'année, première manche, premier lancer, troisième frappeur, Stéphane est au monticule. Il fait sa motion, lance la balle. Le frappeur qui doit peser 200 livres, s'élance de toutes ses forces. BANG! La balle atteint Stéphane directement sur la main! Évidemment, Stéphane se roule de douleur en tenant sa main. Je suis assise dans les estrades, je le vois rouler au sol et mon cœur fait 3000 tours! Ça va tellement vite. Je n'ai rien vu. Il l'a reçue sur la main? Dans le visage? Sur le poignet? Je ne sais pas trop, mais je suis à l'envers de voir ce grand gars-là de six pieds un pouce, 200 livres se tordre de douleur.

Après quelques minutes, tout le monde se rend compte que c'est bien la main qui a été atteinte. Elle est enflée d'à peu près deux pouces de haut. Elle est toute mauve et Stéphane ne peut pas la bouger.

La partie de Stéphane vient de se terminer. On s'en va à la clinique pour des radiographies Ouf! Plus de peur que de mal, ce n'est pas cassé! Juste une bonne contusion. Il va rater les trois prochains matches.

Pourquoi cette blessure est mon plus beau souvenir de sport? C'est simple. Quand je l'ai vu se tordre de douleur et que mon petit cœur s'est affolé, j'ai su que je l'aimais. Beaucoup plus qu'en ami. Nous sommes ensemble depuis ce temps. Nous allons nous marier le 15 mai 2004.

Note : Le deuxième enfant de Julie et Stéphane est né en août 2005.

## La « slapsus » de Zonzon
VALÉRIE DAIGLE

Ce soir, nous avons vécu ce qui s'appelle un « slapsus » de la part de mon grand-père de 72 ans. À cause de la grève de Radio-Canada, il n'y a pas de commentateur à la télévision. Nous l'avons mise sur « *mute* » et nous avons allumé la radio. Entre le repas principal et le dessert, mon grand-père, que l'on surnomme Zonzon, a voulu voir de ses propres yeux ce qui se passait.

Il revient à la cuisine en nous disant que Sourdine avait attrapé une punition. Mais il ne savait pas pourquoi. Sur le tableau indicateur de points et pénalités, il y avait un avantage numérique pour le Canadien. Le mot « Sourdine », c'est l'indicateur qu'on a coupé le son de notre télévision. Vous auriez dû entendre la cuisine exploser de rire ! Mon grand-père n'y comprenant rien, est retourné au salon et il a affirmé qu'il y avait bel et bien une punition à « Sourdine » !

Mon grand-père est un grand amateur de sport.

## Des anges dans Hochelaga-Maisonneuve
BENOÎT ROBERT, LACHENAIE

Mon plus beau souvenir sportif ? Lequel choisir ? Sept années d'arbitrage au cours desquelles j'ai réalisé des rêves qui m'étaient inaccessibles comme joueur. Deux participations au tournoi peewee de Québec. La finale du tournoi midget de Saint-Léonard, entre un club russe et le Lac-Saint-Louis. Des matches internationaux.

Mes 12 ans de coaching au baseball? Des nombreuses victoires avec les Olympiques de Maisonneuve? Des championnats? J'écrirais des pages et des pages parce que le sport m'a apporté tellement de satisfaction. J'ai souvent des frissons quand les souvenirs surgissent dans ma tête.

C'était un tournoi de baseball midget à Hull. Notre victoire ne laissait aucun doute avant même le début. Nous étions trop forts. Le parc était vaste, les clôtures trop hautes et inaccessibles. Notre arme principale, la longue balle, n'existait plus. Qu'à cela ne tienne, nous jouerons mieux en défensive. Un seul circuit a été frappé dans toute la durée du tournoi, c'est un de nos joueurs qui l'a réussi.

Le deuxième match fut de toute beauté. Nous l'avons emporté par la mince marge d'un seul point, 2 à 1. Notre lanceur (Frédéric Gosselin) a réussi une douzaine de retraits sur des prises, mais a tellement donné de buts sur balles qu'il a effectué 150 lancers. Après 120 lancers, nous avons voulu le remplacer.

*« Ils ne sont pas capables de me toucher, ils n'ont que deux coups sûrs. Laissez-moi terminer. »*

Ce n'était pas dans nos habitudes de laisser un lanceur si longtemps au monticule. Le lendemain, il avait du mal à lever le bras, mais il souriait à pleines dents. En finale, nous avons gagné 13 à 3.

Ce tournoi n'aurait été qu'une victoire de plus dans une saison où nous n'avions eu que quatre défaites, matches hors-concours et séries inclus. Nous avions le meilleur lanceur, le joueur par excellence, mais surtout nous avons été choisis l'équipe la plus disciplinée. Nous, les Olympiques de Maisonneuve. Nous!

En entendant cela, je me suis jeté dans les bras de mon ami et instructeur-chef, j'avais le *moton*. Gagner une partie de baseball, les gars de l'est savaient comment. Mais être l'équipe la plus disciplinée? En passant une fin de semaine dans un motel, pour une gang de l'est, c'était un exploit. Notre gang de *bums* d'Hochelaga-Maisonneuve venait de réussir quelque chose de beau, quelque chose de gros. Prouver qu'ils étaient des bons gars, dans l'fond. Des crisses de bons gars. Que je n'oublierai jamais.

# Tragédie dans la famille
SIGNATURE ENLEVÉE

J'avais un cousin qui était d'un an mon aîné Il vivait aux États-Unis, dans une petite ville où tout le monde connaît tout le monde. Un grand blond avec les yeux verts, bien bâti et très bon dans les sports. Le hockey, le baseball, le football, le ski. Tout le contraire de moi. Pourtant nous étions très proches l'un de l'autre et il venait toujours passer une semaine chez moi l'été.

Mes voisines avaient toujours hâte à l'été. Ce n'était pas pour me voir en costume de bain. Mon oncle et ma tante s'occupaient très bien de leurs enfants.

Pour que mon cousin puisse aller à un tournoi de hockey en Suède, je me rappelle que mon oncle avait emprunté de l'argent à une banque. Le sport était important dans leur famille. Mon oncle disait que ça rendait les jeunes plus matures et plus sérieux.

Printemps 1984. Le téléphone sonne. C'est mon oncle. Une terrible nouvelle. Mon cousin et deux de ses copains sont accusés de viol sur deux filles et accusés de meurtre sur une des deux. L'autre fille a été battue et laissée pour morte. Dans une petite ville comme la sienne, les nouvelles vont très vite et parfois la justice se règle hors cour.

Mon cousin et ses deux copains ont été condamnés à la prison à vie. Il n'avait que 19 ans et c'était un gars gentil et sérieux que tout le monde aimait, y compris mes voisines. Mon oncle et ma tante ont dû déménager dans une autre ville, car ils étaient les parents d'un assassin. Ils vivaient toujours sous la menace de représailles de la part de leurs anciens amis qui les avaient reniés. Avant ce drame, ils étaient de bons parents que tous aimaient bien.

Dans cette histoire, il y a beaucoup de victimes. Les deux jeunes filles, les parents et amis de ces jeunes filles. Et ceux que les gens oublient. Les parents des agresseurs qui vivent avec le remords des actes de leur enfant. Les frères et sœurs qui sont associés aux actes. Il y a aussi les parents et amis comme moi qui ne comprennent pas ce qui a bien pu se passer.

Je ne pardonne pas le geste. J'ai deux filles et pour rien au monde je ne voudrais vivre cela.

Erreur de jeunesse ? Pour moi, à 19 ans, ce n'est plus une erreur de jeunesse. Mon cousin s'est pendu dans sa cellule à son 25ᵉ anniversaire. Aujourd'hui, nous nous voyons dans les occasions spéciales. Nous avons beaucoup de plaisir. On ne parle plus de cette histoire.

## Les cheveux en couleurs

STÉPHANE BLANCHETTE

J'ai vécu un beau moment de sport avec mon neveu Simon. Simon est un beau grand garçon de 11 ans qui joue au hockey, au baseball, qui aime le sport. En décembre 2001, un de mes copains me donne une paire de billets dans les rouges pour une partie du Canadien (115 $ chacun).

J'ai très hâte de dire à Simon la bonne nouvelle. Mon frère (son père) me demande de lui dire seulement la veille, sinon il ne dormira pas de la semaine. Effectivement, il n'a pas beaucoup dormi le vendredi. Nous arrivons au Centre Bell assez tôt pour la pratique d'avant-match. Deux pointes de pizza, deux hots-dogs, deux frites et deux liqueurs et 35 $ plus tard, nous sommes à nos places. La partie débute dans cinq minutes.

Je regarde Simon. Je lui demande s'il est heureux. Il n'a pas à répondre, je le vois dans ses yeux. Je lui demande s'il est prêt à faire n'importe quoi pour avoir du fun avec mon oncle. Il me répond oui, sans être très sûr des conséquences. Je sors deux perruques de clown multicolores de mon sac. Il me regarde. Ben non, mon oncle. Ben oui, Simon.

Nous sommes passés à l'écran central au moins cinq fois pendant la première période car nous dansions entre les mises au jeu. Au premier entracte, j'appelle un autre copain qui est au Centre Bell dans une loge avec son beau-frère, blessé au poignet droit. Un certain Donald Audette. Il a signé le chandail du Canadien de Simon et s'est fait prendre en photo avec lui. Simon et moi revenons à nos places et des gens nous reconnaissent. Un tout-petit qui dit à son papa : C'est lui, le p'tit gars qui a les cheveux toutes les couleurs.

La partie continue et nous dansons tellement qu'on arrive deuxièmes au concours pour gagner 500 $. Derrière une jolie blonde qui avait deux bonnes raisons de plus que nous pour gagner. Mon frère m'appelle pour nous dire qu'on a passé à la télévision au moins trois fois. Les chums de Simon aussi l'ont vu à la télé. Simon, le *full* chanceux. Une soirée que je n'oublierai jamais. Simon non plus. J'ai vu une partie du Canadien à travers les yeux d'un jeune de 11 ans. C'est plus le fun que quand c'est un vieux comme moi qui voit seulement des salaires patiner sur la glace. Lâche pas mon Simon. Ton parrain.

## Rodéo

JOHANNE BOUTHILLETTE

Mon sport à moi est un peu spécial, surtout au Québec. Je fais une discipline de rodéo qui s'appelle *breakaway roping*. Il s'agit d'attraper un veau au lasso à cheval, dans les meilleurs temps possible. Octobre 1998. Les finales de rodéo au complexe équestre à Blainville. Les 10 meilleurs de chaque discipline peuvent y participer. Nous sommes dimanche. C'est la troisième et dernière performance du week-end. Mon lasso ayant malheureusement abouti dans le sable du manège lors des deux premières représentations, il ne me reste qu'une chance pour faire quelque chose de ma misérable fin de semaine. Mon nouveau chum Jean (qui est maintenant mon conjoint et le papa de mon fiston) est dans les estrades avec sa petite fille Véronique, trois ans. Petite Véronique qui ne manque pas d'attention. Disons-le : très gâtée et pas très intéressée par la nouvelle blonde de son papa... à mon grand désarroi. Mon nom résonne dans l'aréna. C'est mon tour. Me voilà à cheval, dans la chute de départ, mon lasso à la main, donnant un signal de la tête de lâcher « la bête ». Le veau sort en trombe. Je commande à mon cheval de sortir de la chute de départ. Trois tours de lasso et le veau est attrapé! Mon temps: trois *secondes*! Le meilleur temps du week-end! La foule applaudit. Je regarde dans les estrades et je vois mon chum avec une petite fille souriante, qui saute et applaudit sur ses genoux.

Malheureusement, il y a eu pénalité de 10 secondes pour avoir «brisé la barrière». Le veau doit avoir une avance d'environ six pieds. Le juge m'a dit que je suis sortie juste un peu trop rapidement. J'étais très déçue. J'aurais gagné les finales et remporté la boucle de ceinture trophée, la fierté du cowboy de rodéo. Mais cette journée-là, sans le savoir, j'avais gagné plus que ça: j'avais gagné l'affection et l'admiration d'une petite fille de trois ans. Je suis devenue son idole et je le suis toujours, même si elle a presque huit ans. Je suis pour elle un modèle, une amie et une confidente. Je continue de m'entraîner. Je fais de la route tout l'été pour participer à tous les rodéos et me classer dans les 10 premières pour participer aux finales. Mais maintenant, j'ai mon *fan club*: papa, sa grande fille de huit ans et un petit monstre de trois ans.

## Je m'ennuie du hockey

MARC-ALEXANDRE CLOUTHIER-LEGAULT

J'ai toujours aimé le hockey. Mais j'ai commencé à jouer tard. À ma première année, j'ai été classé dans la plus faible équipe, les Peewee C. Au début de la saison, j'avais de la difficulté à patiner, mais avec la pratique (je jouais tous les soirs à l'extérieur et à mi-saison), j'étais devenu le plus performant de mon équipe et je marquais très souvent.

Je me souviendrai toujours de ce match contre l'équipe de Saint-Jovite. Dans une victoire de 13 à 1, j'avais cinq buts et sept passes. Dont deux buts en 11 secondes. Nous avions gagné les séries, le tournoi régional et interrégional. Trois ans plus tard, dans la catégorie midget, j'ai réussi à me tailler un poste dans l'équipe intercité.

L'an dernier (24 mars 2003), j'ai eu un gros accident et j'ai perdu la vue. Laissez-moi vous dire que je réalise l'importance du sport dans la vie. Je m'ennuie du hockey. Merci.

## Saut périlleux avant

MANON SIMON

Je n'ai jamais été et je ne serai jamais une sportive. À défaut d'exceller, ou même d'accomplir ce que mes professeurs d'éducation physique me demandaient, je n'ai jamais *coulé* un cours d'éducation physique. Cherche comment j'ai fait !

Ma mère raconte à tous, surtout à mes enfants, qu'un jour, adolescente, j'avais décidé d'apprendre à patiner. Ma requête la surprit un peu, mettons. Je lui demande de m'acheter des patins flambant neufs, bien sûr. Elle me les offre, malgré le peu de foi qu'elle mettait dans mon soudain désir de faire du sport. Je les chausse. Je sors à l'extérieur. Nous habitions alors un bloc de Montréal-Nord. Je déboule en bas de l'escalier qui conduit à la cour asphaltée, glacée, servant de patinoire. Je me relève de peine et de misère, frustrée et gênée. Je retourne à l'intérieur et je dis simplement : « *J'ai fini ma carrière de patineuse !* »

Je suis retournée à mes études.

## Boue

JULIE VILLENEUVE

C'était l'été et le soleil était au rendez-vous. J'habitais chez mes parents et je devais avoir cinq ans. À l'époque, mes parents recevaient des amis à toutes les fins de semaine et il y avait toujours des parties de baseball. Mon père faisait partie d'une équipe avec son travail. Nous, les enfants, pouvions y participer. Nous sommes cinq filles chez moi. Ma sœur la plus vieille avait 18 ans et aimait bien se « regarder le nombril ». Sans méchanceté, lorsqu'on a 18 ans, on aime bien que les garçons nous regardent. En pleine partie, la rue s'emplissait d'amis de ma sœur et elle se relevait la tête en jouant à la snob. Elle savait que son *fan club* la regardait. Un samedi, j'étais au premier but. La balle est frappée en direction de ma sœur qui était au fond du terrain. Ma sœur, voulant épater son *fan club,* reculait et reculait en espérant attraper la balle avec classe, mais elle ne regardait pas derrière elle, et *tomba dans un fossé rempli de boue* et de je ne sais quoi...

Quelle fut la surprise à ce moment! On a tous ri comme des malades, mais ma sœur, insultée, s'est dirigée dans le bain, à son grand désespoir. Aujourd'hui, je n'ai pas plus de notions de base-ball, mais Dieu sait que je sais qu'on doit regarder derrière soi-même si on veut épater la galerie. Il y a toujours un fossé pas bien loin.

## Juste un peu trop
CHRISTIAN DESROCHES

Automne 1982. Au collège, mon prof d'éducation physique m'a convaincu d'essayer l'un des rares sports qui m'était inconnu: le cross-country. J'accepte. Après quelques semaines d'entraînement, la compétition régionale scolaire arrive. L'équipe cadette se classe pour les jeux provinciaux. Ce que je prenais au début pour un passe-temps comme un autre était devenu la source de toutes mes préoccupations. Mais comment faire pour inclure six à huit heures d'entraînement par semaine dans mon horaire, sans sacrifier ma réussite académique, mes activités sociales et mes autres intérêts sportifs?

J'ai trimé dur, mais je suis arrivé à tout inclure dans mon emploi du temps. J'avais Forestville dans le collimateur. Je visais la plus haute marche du podium du plus grand événement sportif du monde scolaire.

Plus que deux jours avant le départ. L'entraîneur nous conseille de nous reposer et d'être prudent avec nos muscles. Dans un excès de zèle (et d'imbécillité), je décide d'aller courir une vingtaine de minutes en solitaire, chaussé de mes souliers de sport intérieur.

Ce qui devait arriver arriva. L'entorse à la cheville que je me suis alors infligée m'a empêché de participer à la course pour laquelle j'avais tant sacrifié. Pour laquelle j'avais travaillé si fort. C'était la fin d'un rêve. Quand j'ai vu les autres compétiteurs du collège monter à bord de l'autobus pour Forestville, les bagages à la main et la fierté au cœur, j'ai été anéanti.

## Claude, viens souper !

CLAUDE RICARD

Mon souvenir est simple mais combien mémorable. J'avais à peine cinq ans et j'étais seul à la maison avec ma mère. Mes frère et sœurs étaient à l'école. Maman venait de réaliser un exploit : elle avait finalement réussi à faire tenir à mes pieds des mini-skis, les petits rouges en plastique qui mesuraient deux pieds. Cette journée-là, avec des skis et des bâtons de ski de fond quatre fois trop grands pour moi, je me mis à grimper la petite butte de neige au fond de la cour et à la descendre.

Encore et encore.

Mon frère et mes sœurs sont revenus de l'école en me saluant et moi de leur répondre tout en continuant mon exercice de montée et de descente. Ma mère a dû venir me dire que le souper était prêt au moins cinq fois avant que je me décide à arrêter. Il y a deux semaines, nous avons retrouvé une photo de moi avec les skis et les bâtons. Ah, cette journée-là !

## Comme les pros

STÉPHANE SAINT-DENIS

Février 1984, je joue au hockey pour les Braves du Lakeshore. Je suis un des deux gardiens, l'autre est le fils de Larry Robinson, Jeff. On s'en va au Tournoi international peewee de Québec. Faut se rappeler du contexte : en 1984 la rivalité Canadiens-Nordiques est à son plus fort. Notre uniforme est identique à celui du Canadien.

On croyait bien qu'en embarquant sur la glace du Colisée on serait hués, mais à notre surprise, c'est tout le contraire. Tous les gens présents nous applaudissent très fort. Pendant les 12 jours qui vont suivre, dans ma petite tête de garçon de 13 ans, je vais vivre un rêve. En arrivant au Colisée, on prend nos poches de hockey et pour toute la durée du tournoi on n'aura pas à les traîner. On arrive dans la chambre, avant les matches, et notre équipement est là, accroché, comme les pros. Des roulettes de *tape* sur une table, avec des jus, des liqueurs, etc.

En embarquant sur la glace, les jeunes filles sont sur le bord de la baie vitrée pour avoir nos autographes. On lance des frisbees aux couleurs de notre équipe dans la foule. Après les matches, des dizaines de personnes sont après nous pour avoir les *pins* de notre équipe, c'est la folie. Les jeunes filles tournent autour de nous en espérant se faire un p'tit chum qui peut-être un jour sera un joueur de la Ligue nationale.

À chaque match, juste avant d'aller sur la glace, c'est comme une finale de la Coupe Stanley. On est gonflé à bloc et on veut tous épater la galerie... de jeunes filles. Nous nous sommes rendus en finale du tournoi dans notre catégorie, mais avons perdu. Au dernier match, j'ai donné mon bâton autographié à une jolie demoiselle que je n'ai jamais revue.

À la suite de cette défaite, nous avons tous pleuré, tristes d'avoir perdu et tristes aussi de sortir de ces deux semaines de rêve. Je pourrai dire que pendant ces 12 jours j'ai été, dans ma tête, un joueur de la Ligue nationale.

# « Kick le ballon ! »

VIVIANE PÉPIN

Mon fils, âgé de sept ans à l'époque, est autiste. Nous avons réussi avec effort et persévérance à lui faire botter un ballon de soccer. Cela a pris deux saisons de soccer pour lui montrer. Au tout début, il fallait lui prendre la jambe et lui faire frapper le ballon à chaque coup. Imaginez la scène : je le retiens par une main pour ne pas qu'il se sauve. L'autre main tient le genou, soulève la jambe et frappe le ballon.

À la fin de la première saison, on a moins besoin de le retenir mais il faut toujours l'aider à botter. Au début de la deuxième saison, on doit tout recommencer. Mais la période d'apprentissage est moins longue. Tous les autres parents l'encourageaient. Le mois d'août arrive, je lui dis : *« Kick le ballon avec ton pied ! »*

Miracle. Il le fait. Une estrade complète applaudit. Nous, ses parents, sommes très heureux de cet exploit qui équivaut à une médaille d'or olympique.

# Ping pong

SYLVIE CLÉMENT

Bonjour Christian,

Il y a 22 ans, j'en avais 17 et je mesurais 4 pieds 11 pouces et demi. Je pratiquais le tennis de table. J'adorais ce sport. Il me permettait de m'accomplir dans un sport où je n'étais pas désavantagée par ma petite taille. En plus d'être petite, j'étais rondelette. Je faisais beaucoup d'asthme.

Après les Jeux du Québec régionaux où je m'étais illustrée (j'avais remporté l'or dans ma catégorie), je reçois un appel le dimanche avant-midi. Je dois me présenter au village voisin pour recevoir la plaque de la meilleure athlète féminine, tennis sur table toutes catégories. J'ai 90 minutes pour me rendre.

Alors le branle-bas de combat débute. Je dois convaincre mon père de venir me reconduire à l'aréna de Chapais. Il est à réparer une voiture à son entreprise. Ma mère intervient. La famille se dépêche, direction Chapais. Nous arrivons à l'aréna. Tous les athlètes sont déjà sur la glace. Horreur. Au moment où je réussis à me rendre sur la glace, encore loin des autres athlètes, j'entends mon nom. Je me dirige vers le groupe d'athlètes et je les entends dire : « *Mais où est-elle ?* »

J'essaie de les pousser du coude, mais cette masse compacte me résiste. Je veux aller sur l'estrade et réclamer mon prix ! Avec mes quatre pieds et des poussières, les athlètes me résistent. Une brèche se forme et je peux enfin m'avancer.

Les applaudissements jaillissent de partout. Je jubile. J'ai mon moment de gloire. Je reçois ma plaque, sourire fendu jusqu'aux oreilles et je me laisse photographier pour la postérité. Comme mon père doit retourner travailler, je me redirige vers l'arrière et je me retire. Je rejoins mes parents avec ce sourire béat. On me serre, on m'embrasse et on me félicite.

Puis, comme on est venu, on retourne à la maison. Je m'en souviens comme si c'était hier. J'ai encore mes médailles et ma plaque cachées dans mes trésors au sous-sol de ma maison.

## Les *tops*

SYLVAIN LAPORTE, DIEU SOLEIL GAZON

J'ai partagé mon moment avec un copain, Stéphane Trahan. Notre rêve était la course automobile. Nous voulions faire équipe et battre tous les records du monde, pauvres mais confiants. Stéphane a eu l'idée de faire une course dans une série d'endurance. Nous pourrions partager les dépenses car on avait la même voiture. La Civic de Stéphane.

Quarante-huit heures à préparer la voiture, avec sa cage de protection. La course a lieu samedi à Shannonville, Ontario. Nous empruntons des roues à gauche et achetons des pneus usagés.

Trente-neuf heures sans dormir. Nous prenons la route pour Shannonville à trois heures trente du matin. Fatigués, mais fiers. Nous serons les rois de la piste, les meilleurs de notre catégorie. Un podium, c'est sûr.

En route, nous voyons une autre équipe, ontarienne celle-là, une Nissan sur un vieux camion. Stéphane et moi rigolons. On les regarde d'un air qui veut tout dire. C'est nous autres, les *tops* des *tops*. On les dépasse.

Nous entrons sur le terrain. Un silence s'installe. À côté de nous, une remorque de 53 pieds et *trois* Porsche neuves. Prêtes pour la course. L'autre côté, une équipe avec un Eagle Talon neuve. Nous descendons la voiture, nous avons le *jack* mais pas au complet. Nous utilisons des bûches de bois.

Notre mécano arrive. Pendant qu'il vérifie la voiture, nous enfilons nos habits. J'ai l'air d'un boudin blanc et bleu. Stéphane a un petit *suit* jaune serin. Nous prenons la piste. On va les battre les Ontariens! Stéphane fait quelques tours. Tout semble bien aller. Il entre aux puits, c'est mon tour. Le cœur veut me sortir de la poitrine. Je prends place dans la voiture et au fond Léon. Une grosse Camaro se colle à moi et frappe le miroir côté passager.

« *Welcome, kid.* »

Je me fais dépasser par tout ce qu'il y a sur la piste, comme si j'étais arrêté. Fin des qualifications. *Meeting* des pilotes. Nos idoles y sont. Tennison, Spénard, Fellow. On porte pas à terre. Le *top* du monde, c'est nous autres.

La feuille des positions arrive : sur 67 voitures, on est 66$^e$. Les *tops* sont en bas.

« *On va les remonter, Steff.* »

Le mécano va arranger ça. Steff remonte deux positions. Puis c'est mon tour. Je tremble comme une feuille. C'est parti. Dix ou douze tours se passent. Ça va mieux. Une Porsche me dépasse, je me colle à elle, je prends sa *drift*, et là ça va vite. Une autre voiture me dépasse et là, ça *drifte* pour vrai. Une courbe, deux courbes, je tiens. Je suis le *top*. Je colle à une Porsche, une RX 7 turbo, je suis *hot*. Une autre courbe arrive. Le gaz au fond. Je suis sûr que les autres vont faire la même chose. Mais tout le monde freine.

Je pars en tête à queue. La voiture glisse sur l'herbe. La roue arrière frappe un hostie de moton de terre et c'est parti, les quatre roues en l'air. Je vole et revole dans les airs. Quatre tours complets à 170 kilomètres heure. Par le côté chauffeur, je vois du gazon. La voiture est couchée sur le côté, je tourne la tête et je vois le soleil. Depuis ce jour, mes chums m'appellent le Dieu Soleil Gazon. Ils m'ont rentré de force dans l'ambulance. J'ai démoli la voiture de rue de Stéphane. *Kaput* la Civic. Je croyais qu'il me tuerait.

Il m'a dit : « *C'est pas grave. On va la réparer et recommencer.* » C'était en 1990. Je tremble encore à y penser. Je rentrais dans une nouvelle maison une semaine plus tard avec 5000 $ de moins pour meubler, mais maudit que c'était un *thrill. Thrill of a life time.*

## La mémoire de Barry

SYLVAIN VÉZEAU

Souvenir de Barry Beck, ancien colosse des Rangers dans les années 1980. J'allais attendre les joueurs du Canadien et les joueurs adverses, le samedi matin au Forum, question de revenir à la maison avec quelques autographes. J'ai osé demander à Barry Beck son bâton, après la pratique. Il m'a demandé si j'étais pour être à la partie du soir.

« *Je t'en donnerai un, après le match.* »

Je lui ai dit que j'allais m'arranger pour y être. Je vivais à Longueuil et je regardais le match à la télé avec mes parents. J'ai dit à mon père qu'au milieu de la troisième période, fallait aller au Forum, Barry Beck a un hockey autographié pour moi. J'y croyais. Je me suis faufilé parmi la foule après le match, jusqu'à la chambre des Rangers. J'ai attendu un peu et le colosse est sorti. Il a regardé parmi les gens, avec un bâton de hockey entre les mains. Quand il m'a aperçu, il m'a tendu son bâton avec un grand sourire.

# Un vrai champion
ROBERT CHAPMAN

J'ai maintenant 38 ans et je me souviens quand j'avais cinq ans, toute la famille est partie pour les USA. Oncles, tantes, grands-parents. En tout, 25 personnes. Nous avons débarqué à un endroit de fous. Noir de monde. Nous avons attendu en ligne des heures pour nous asseoir. Ça parle en anglais sur des haut-parleurs. Je ne comprends pas.

Tout à coup, un son comme l'heure de pointe sans *muffler* se fait entendre et des voitures se mettent à tourner en rond. Ça sent drôle. Il y a trop de bruit. Ça n'arrête pas. Tout le monde crie à s'époumoner. Puis tout arrête. Une seule voiture, la 43, fait un tour lent avec un drapeau. Le monde commence à quitter les lieux, mais pas nous. Nous sommes dans une autre ligne, à attendre. Finalement, on s'approche d'une auto rouge et bleu. Un homme écrit sur des papiers, des casquettes, des chandails. Je me dis : « *On attend pour ça !?* »

Ce n'est que plus tard, à 16 ans, que je portais fièrement ma casquette autographiée par le grand Richard Petty. C'est là que j'ai compris l'étoffe d'un vrai champion. Après avoir coursé pendant des heures, ce grand homme est resté encore des heures à signer des autographes. Il aimait ses *fans* autant qu'il aimait la course. Voici comment mon cœur fut à jamais tourné vers les sports de course.

# Touche pas à mon frère
BENOÎT DUBOIS, VERDUN

Il fait beau, c'est l'été de mes 13 ans.

Contrairement à nos habitudes, mon ami Alain et moi décidons de ne pas faire de mauvais coup mais plutôt de ramasser les jeunes du coin et de les amener jouer à la balle.

Une dizaine de petits gars, entre 7 et 10 ans.

Alain et moi ne sommes pas de très grands sportifs, mais l'intention était bonne. Rendus au superbe parc Therrien de Verdun (l'immense parc aux abords de l'Auditorium), nous nous sommes placés là où il n'y avait personne. Personne sauf un homme qui, à quelques trentaines de mètres, pratiquait son golf. Un de nous a trouvé une balle de golf au sol.

Soucieux de la rendre à son propriétaire, elle fut lancée dans la direction du golfeur. Quand celui-ci s'est rendu compte qu'on avait déplacé, sans aucune malice, sa balle, il a piqué une de ces crises! Injures, blasphèmes. Il avançait vers nous avec un regard à nous faire chier dans nos shorts.

Et là, dans son élan, il prit le bâton de baseball au sol et il l'a lancé de toutes ses forces dans notre direction. Vlan! J'entends un grand cri de douleur derrière moi. Le bâton avait atteint mon frère Patrick (sept ans) à la cuisse. La seule image que j'ai en tête, c'est Pat au sol qui pleure.

J'entre dans un état second. Je pogne les bleus. Je me mets à engueuler le type. Je ramasse le bâton et je m'enligne sur cette pourriture. Je voulais le frapper, je voulais le tuer, mais heureusement, Alain a vu une voiture de police qui passait par là et ils sont intervenus juste à temps. Je ne sais pas ce qui aurait pu arriver.

La police a ramené mon frère et moi à la maison. Ma mère, qui a tout de suite pensé que je m'étais encore fait prendre à faire un mauvais coup, a été grandement surprise d'apprendre le contraire. Elle m'a passé la main dans les cheveux, m'a serré dans ses bras et elle m'a dit: « *T'en fais pas, mon grand, on aurait tous réagi comme ça.* » À ce moment, j'ai compris que j'avais passé à un autre niveau aux yeux de ma mère. On peut toujours décider de nos actions, mais on ne décidera jamais de la conclusion.

# Histoire de pêche
MARCO LAMOTHE

Mon père possédait un chalet sur le bord d'un lac dans la réserve faunique de La Vérendry. Un jour, je dis à ma blonde : « *Viens on s'en va à la pêche à la grise.* »

On part tous les deux sur le ponton. Je fais mon frais avec mes lignes plombées et mes gros chapelets. Mon père m'avait dit de me promener tranquillement entre les deux îles. C'était supposé être un bon *spot*. Ma blonde me dit : « *Je pense que je suis prise dans le fond.* »

Moi, je pense à mon chapelet à 12 piastres pris dans le fond du lac, mais lentement j'essaie de déprendre la maudite ligne. Je suis capable de *realer* mais j'ai peur que tout pète. Je dis à ma blonde qu'elle a probablement pogné une grosse branche, mais plus la grosse branche remontait, plus elle gigotait. Elle venait de capturer une truite grise de sept livres. Naturellement, j'avais oublié la puise et la chaudière. T'aurais dû nous voir sur le ponton. J'ai peur des poissons, puis le crisse de poisson bouge tellement, ma blonde s'assoit dessus pour ne pas qu'il foute le camp à l'eau. Je fesse dessus avec la rame pour essayer de l'assommer.

Quand on est revenu au camp avec la grise, mon père n'en croyait pas ses yeux. Deux amateurs qui reviennent avec une grise de sept livres. Lui-même avait pêché tout l'avant-midi, et n'avait rien eu. Morale de cette histoire : la chance du débutant, ça existe vraiment.

# Un trophée plus lourd que les autres
JACYNTHE LAUZON

J'ai mis au monde deux petits anges en 1995 : Christopher et Élyzabeth. Comme toutes les nouvelles mamans, j'ai tout lu pour avoir les enfants les plus dégourdis, les plus en forme, bref, les plus parfaits.

C'était mal connaître la vie.

Au quatrième jour de leur vie, on est venu m'arracher Élyzabeth pour l'envoyer en cardiologie à Sainte-Justine. Malformation cardiaque qu'il faudra opérer un jour.

En attendant, il fallait réapprendre à vivre. J'ai laissé mon emploi pour m'occuper de mes cocos qui ne pouvaient pas aller en garderie. Pour moi, l'école et les sports étaient éteints dans ma tête. Je ne savais même pas si Élyzabeth allait vivre longtemps.

À 15 mois (deux mois plus tard que son jumeau), Élyzabeth vivait son premier exploit sportif: elle marchait. Deux mois plus tard, elle cessait de le faire, tendant les bras pour se faire prendre à tout moment. Caprice? Non. Son cœur n'en pouvait plus. Je me suis sentie tellement coupable.

À cinq ans, la maternelle. Jamais je n'aurais cru vivre cela un jour. J'ai tellement pleuré. J'ai dû expliquer les limites d'Élyzabeth à son professeur de gymnastique, une femme merveilleuse qui conservait les tours de gymnase et les redressements assis à son programme.

Puis vint le temps du soccer. Élyzabeth jouait pour le plaisir. Quand tous les petits cocos tombaient comme des quilles pour s'enlever le ballon, Élyzabeth qui était toujours la dernière, arrivait après les dégâts, ramassait le ballon et se sauvait en riant.

L'an dernier, c'était du sérieux; on séparait les garçons des filles. Les sélections débutaient en gymnase avant même que la neige ne finisse de fondre. Comme à chaque année, j'avais prévenu l'entraîneur en chef des limites d'Élyzabeth. Il m'a regardé d'un air moqueur, quand on a constaté qu'Élyzabeth était la seule petite fille à terminer les minutes de tours de gymnase!

Cet été-là, j'ai suivi Élyzabeth dans ses tournois. À huit ans, opérée quatre fois et porteuse d'un stimulateur cardiaque, elle avait la grandeur d'une enfant de cinq ans, elle continuait de courir et d'avoir du plaisir. J'ai pleuré à chaque fois que j'ai entendu un parent dire: «*As-tu vu la petite puce courir tout le temps?*»

À la fin de l'été, elle a reçu son trophée de participation, comme tous les autres enfants, mais si vous saviez combien il pesait plus lourd que les autres.

## Une volée intérieure
FLORENT CORTES

Il y a plusieurs années, je jouais à la balle molle avec une petite gang de chez nous pour le plaisir de la chose. J'avais 19 ans. Ma mère m'annonce que la petite famille pour laquelle elle travaille comme gardienne a subi le pire des chocs. Il y avait Mathieu et le petit David. David a la leucémie. Personne ne s'y attendait. À 19 ans, ces choses-là ne me dérangent pas. J'ai 19 ans. Rien ne m'ébranle. Les semaines passent, l'été touche à sa fin. J'arrive au McDonald's du coin et j'entends crier mon nom : « *Florent, Florent !* »

Je n'y porte pas attention, mais l'ami avec qui je suis me le fait remarquer. Je me retourne. C'est le petit David qui me fait salut de la main. Je me décide d'aller lui parler. Il me demande :

« *Es-tu venu en Harley Davidson ?*

— *Non, je n'ai que le chandail mais quand j'en aurai un je te ramènerai chez toi.* »

Il devient songeur. Alors je lui demande, si un jour lui-même a un Harley, s'il va me faire faire un tour ?

« *Non.*

— *Ne t'en fais pas David, avec l'argent que ton père fait, tu pourras avoir tous les Harleys, bateaux, voitures de sport...*

— *Tu sais, Florent, tout le monde me parle comme tu le fais, mais je sais que je vais bientôt partir. Mais il y a toute une équipe derrière moi, et je ne vais pas baisser les bras, alors ne baisse pas les tiens et tu l'auras ton Harley.* »

Je suis debout devant un jeune. J'ai 19 ans et rien ne m'ébranle. Sauf un garçon de quatre ans qui vient de me sacrer une volée intérieure inimaginable.

David est décédé quelque mois plus tard.

Le rapport avec le sport? Le voici. Il y a cinq ans, je jouais à la balle molle comme coach avec l'équipe de la compagnie. Nous n'avons jamais gagné de trophée sauf celui du meilleur esprit d'équipe, une petite plaque avec le nom de l'équipe. C'est grâce à David si on l'a eue. Je n'ai jamais eu mon Harley, j'ai changé de chandail, mais j'ai montré à mon équipe de ne jamais baisser les bras car cette petite plaque, c'est ce que nous voulions.

David, si tu entends ceci, merci. Merci pour cette volée intérieure. Après tout ce temps, il fallait que je te le dise.

Merci.

## Le petit qui a juste un bras

MARTIN GOULET

Voici ma petite histoire. Je suis né avec un handicap au bras droit, atrophié jusqu'au coude. Je suis un jumeau et ma jeunesse a été très sportive. Mes parents ne m'ont *jamais* surprotégé, m'ont lancé plus d'une fois dans le feu en me disant: «*Débrouille-toi et apprends à ta façon!*»

Baseball, hockey, soccer, natation, water-polo où j'étais gardien de but à un bras! Y'en a qui trouvaient ça ben cruel. Il n'y a aucun sport que j'ai refusé de faire. Aujourd'hui, je dois remercier mes parents. Ce sont des valeurs que j'enseigne à mes deux garçons. Ténacité et confiance en soi.

En 1980, à l'aréna Villeray, coin Christophe-Colomb et Jarry, je suis connu comme Barabas dans la Passion: «Le p'tit qui a juste un bras.» Je suis défenseur. J'ai 10 ans. Un très bon coup de patin mais un contrôle de la rondelle limité. Une moyenne de deux buts par saison.

Mon équipe, les Camaros, qui arboraient un uniforme bleu pastel à faire pâlir Versace, jouait un match bien ordinaire un samedi après-midi. Mon coach disait aux défenseurs: «*Dégage la* puck! *C'est tout! Tu* dégages *la* puck *dans les coins!*» C'est ce qu'on faisait.

Pendant le match, après avoir récupéré la rondelle derrière mon but, j'allais dégager encore une fois lorsque j'ai vu une ouverture. J'suis rentré dedans. J'ai commencé à remonter la patinoire avec la rondelle. Je me suis collé sur la bande à droite et j'ai patiné comme un défoncé. Je voulais bulldozer tout le monde. Ma ligne bleue, la ligne rouge, l'autre ligne bleu, wow! J'ai encore la rondelle sur ma palette. Je fonce. Je coupe en diagonale. J'approche du filet adverse. Il n'y a plus personne sur mes talons. Ils ont mangé ma poussière. Je passe devant le filet, je vise tant bien que mal, je tire. Ting! Un bruit sourd, comme une masse sur un pieu de fer. Le poteau. Je n'ai pas compté.

C'était pas grave, j'étais fier comme un titan. Je flottais au-dessus de tout le monde. Ce fut un très beau moment dans ma vie.

## Prospect Park, Brooklyn

MICHEL ABI JAOUDE

25 avril 2002. J'ai pris le bus direction New York pour rejoindre mon ami Georges, Libanais handicapé, pour que nous participions ensemble au marathon Achilles Prospect Park à Brooklyn.

Bon. Le vrai but du voyage, c'était de profiter du fait que mon ami m'ait enregistré comme son guide, pour qu'on puisse se voir après des années et passer un peu de temps ensemble.

Les rues de Manhattan étaient tannées de nos pieds, ou devrais-je dire : de mes pieds et des roues du fauteuil roulant de Georges, après trois jours de promenades ici et là, sur les avenues et les rues une après l'autre.

Dimanche 28 avril, cinq heures du matin, tout le monde se prépare pour monter dans les autobus direction Prospect Park.

Un petit problème, ce n'était pas dans l'ordre du jour : il pleuvait comme vache qui pisse. Tellement qu'on a eu de la misère à se rendre au Park. Dans l'autobus, on nous a donné des sacs de poubelles qui servaient de couvertures antipluie.

À huit heures trente, c'est le départ. Bienvenue au marathon sous une pluie continuelle. Comme je n'étais pas en forme pour courir les 42 kilomètres, mais pas du tout, j'ai laissé Georges partir dans son périple seul, sans son guide. Moi.

J'ai offert mes services comme bénévole pour installer des tentes et organiser les gens qui arrivaient à l'enregistrement et m'occuper de leurs bagages.

Dix-sept heures. Pas de signe de vie de mon ami. Je vais voir à la ligne d'arrivée, voir ce qui se passe. En arrivant, je vois Georges passer et le type qui donne les temps aux coureurs. Il lui dit : « *Two turns remaining !* »

Je n'en crois pas mes oreilles. Le pauvre Georges qui pousse les roues de son fauteuil roulant depuis huit heures trente le matin. Lui non plus n'était pas en forme, mais avec la volonté et la détermination, je sais qu'il ne lâchera jamais avant d'avoir franchi la ligne d'arrivée pour la dernière fois. Le voilà qui passe de nouveau pour le dernier tour. Niaiseux comme je suis, j'ai accepté de le courir avec lui.

Je n'ai jamais regretté ma décision. Ç'a été la plus belle expérience que j'ai jamais vécue. Je n'oublierai jamais ces gens qui criaient « *Looking good, looking good* » alors qu'on mourait de fatigue. Ni le visage de mon ami, plein de courage sous la pluie. Ni ce gars avec une prothèse en métal à la place du pied qui terminait les tours un après l'autre. Ni cet aveugle attaché avec une corde à son guide. Ni ce gars en fauteuil roulant qui a couru les 42 kilomètres de reculons en regardant au-dessus de son épaule.

Une fois à la ligne d'arrivée, tous ces gens-là m'ont donné une leçon sur la puissance de la volonté humaine et la force de la détermination qui nous habite. Fatigué comme j'étais, j'avais l'air de Forrest Gump qui court depuis des années sans arrêt. Moi qui trouve long le couloir dans le métro le matin en allant à mon travail. Moi qui trouve que c'est épuisant de conduire deux heures pour me rendre à Québec. J'avais l'air tellement épuisé que la fille qui donne des médailles m'a regardé avec pitié et m'a mis une médaille.

Je la conserve précieusement comme un de mes plus beaux souvenirs.

# Maman marathon

LINE TOUCHETTE

Septembre 1987, j'ai 27 ans. En mai, j'accouchais de mon troisième fils. Il y avait Érik quatre ans, Stéphane deux ans et Maxime le nouveau-né. Le mois d'octobre suivant la naissance de mon fils, je me suis dit que je commencerais à faire du jogging : d'abord pour maigrir un peu et ensuite pour me remettre en forme. Mon mari travaillait le soir, c'était facile pour moi de partir seule pour courir. Et la passion s'est installée.

En février 1987 mon mari me dit : « *Si ça te tente, j'ai un calendrier pour l'entraînement du marathon de Montréal, et comme je l'ai déjà fait deux fois, tu t'entraîneras et je m'occuperai des enfants.* »

C'est là qu'a débuté mon aventure. Je ferai le marathon de Montréal, 42 kilomètres. J'ai fait beaucoup d'entraînement. Six jours par semaine. Très vite, c'est devenu une drogue. Il ne fallait pas que je passe une journée sans courir, car je me sentais coupable. À l'été, mon conjoint amenait les enfants dans un parc et moi, partant de la maison, j'allais les rejoindre. Alors, ils repartaient, 10, 15 kilomètres plus loin, dans un autre parc, et je m'y rendais toujours, en m'hydratant avec une bonne bouteille d'eau qu'on m'avait apportée.

Je courais, beau temps, mauvais temps. Par beau temps, la famille me suivait et, en passant près de moi en voiture, les enfants m'envoyaient la main en criant « Maman ! Maman ! » J'étais toute essoufflée, mais tellement fière d'eux.

Septembre est arrivé. Les journées précédant le marathon, j'avais suivi mon calendrier qui m'indiquait quoi manger pour avoir l'énergie nécessaire afin de le réussir. C'était mon premier, et je voulais le réussir. Quand la journée fatidique fut venue, j'étais un peu nerveuse. Qu'est-ce qui m'attend ? Est-ce que je vais frapper le mur ? Le maximum que j'avais couru en entraînement était 30 kilomètres. Quand on est sur le pont Jacques-Cartier et qu'on voit tous ces coureurs, ça nous donne une énergie indescriptible, surtout qu'il faisait un beau soleil et pas trop chaud.

Boum. Le départ est donné, je pars pas trop vite. Je suis les coureurs. Plusieurs m'encouragent tout le long du parcours. Totalement épuisée, j'ai voulu arrêter au 39ᵉ kilomètre, mais mon mari m'avait rejoint à cet endroit précis et encouragé à continuer. Deux de mes beaux-frères m'ont aussi encouragée, en me suivant quelques kilomètres. Cinq kilomètres, quatre kilomètres, trois kilomètres, deux kilomètres, un... Tout le monde t'applaudit, même ceux qui ne te connaissent pas. Je vois la bannière «arrivée»! Quelle fut ma satisfaction! J'avais fait un exploit extraordinaire de 42,195 kilomètres, 4 heures 28 minutes sans arrêter de courir.

J'étais fière de moi. Merci à mon mari qui m'a supportée et aidée durant tout mon entraînement. Cette journée a été mon meilleur moment de sport.

Les autres meilleurs moments de sport, ce sont mes quatre enfants. Katherine est arrivée en 1994.

## Benoît

SYLVAIN BROUSSEAU, SPVM

*MONTRÉAL (Reuters). — Une chasse à l'homme de cinq jours s'est terminée mardi par l'arrestation du présumé meurtrier d'un policier québécois à la suite d'un coup de fil ayant mené la police à l'appartement d'une connaissance du fugitif. Stéphane Boucher, 24 ans, dormait sur le sofa d'un appartement de Saint-Jean-sur-Richelieu, à environ 60 kilomètres au sud de Montréal. Il n'a pas résisté lorsque les policiers l'ont réveillé pour lui passer les menottes. Boucher a été accusé de meurtre au premier degré mardi après-midi au palais de justice de Montréal, situé à quelques mètres de la Basilique Notre-Dame dans le Vieux-Montréal, où plus de 3000 policiers du Canada et des États-Unis se sont réunis pour assister aux funérailles de Benoît L'Écuyer, un policier de 29 ans avec sept ans de service au sein de la police de Montréal. La femme de 50 ans qui donnait asile au fugitif était la mère d'un complice de Boucher. Celle-ci a demandé discrètement à un visiteur de contacter la police. Elle a fui son apparte-*

*ment à l'arrivée de la police pendant que Boucher dormait, appor-*
*tant avec elle l'arme du suspect dans son sac à main.*

*Stéphane Boucher, en cavale depuis jeudi dernier, est soupçonné*
*d'avoir abattu Benoît L'Écuyer, qui l'avait pris en chasse pour un*
*excès de vitesse. Benoît L'Écuyer est le troisième policier montréalais*
*à mourir en service depuis 1995.*

Mon moment sportif n'en a jamais été un. L'an dernier, autour
du 29 février, nous avions planifié une soirée de boxe entre chums.
Le combat approchait à grands pas et nous étions certains d'une
victoire de notre favori, Éric Lucas sur Vinny Paz. Aucun doute
pour moi et mon chum. On en discutait dans les cases avant notre
quart de travail. Cette soirée serait réussie si notre boxeur passait
le KO à son adversaire. Voilà que le destin en a décidé autrement.
Le 28 février au matin, mon chum est mort en quelques secondes
sur l'autoroute Métropolitaine. Sous les balles d'un assassin.
Comme un KO qui n'en finit plus. Ben nous a quittés.

Je n'ai pas écouté le combat ce soir-là. Quelques semaines plus
tard à RDS, je n'ai pas pu le regarder au complet. Encore ce KO.
Bientôt, le procès va commencer. Les médias vont nous inonder
d'images de mon chum, couché sur le dos sur le Métropolitain
avec son partenaire qui essaie de le réanimer. Je déteste cette image.
Je vais essayer de ne pas penser au policier mort en devoir. Mais à
l'homme qui aimait la boxe, la F1, la lutte. Qui jouait au volley-ball,
à la balle molle. Qui aimait sa femme et ses enfants. Qui a été passé
KO pour avoir défendu le droit à la liberté, et la justice.

*Cet ouvrage a été achevé d'imprimer en août 2005*
*sur les presses de Marquis Imprimeur*